MW01703409

LUIS EDUARDO GUEVARA

LA MARCA SOY YO

MONETIZA TUS TALENTOS Y EMPRENDE UN NEGOCIO ESCALABLE

©LA MARCA SOY YO

©Luis Eduardo Guevara

Editado por: LEG Marketing Corp

ISBN: 9798425692368

Dirección editorial: Niurka Gómez

Primera edición: agosto 2022

#MODO
TIBURÓN

ÍNDICE

Dedicatoria 9

Agradecimientos 11

Introducción. Aprende a ganar dinero haciendo algo que amas ... 13

Capítulo 1
Aterriza aquí y ahora 21

Capítulo 2
Cómo vencer el miedo a emprender 39

Capítulo 3
Transforma tus dones y talentos en un negocio escalable 57

Capítulo 4
Plan de acción 79

Capítulo 5
El emprendedor y el ciclo de vida de la empresa 107

Capítulo 6
Construye tu marca ganadora 119

Capítulo 7
Sin estrategia no existe enfoque 145

Capítulo 8
Desata tu éxito en ventas 159

Capítulo 9
Cómo aumentar la escalabilidad de tu negocio 179

Mandamientos tiburón 196

Acerca del autor 197

DEDICATORIA

A mis regalos de Dios: mis hijos Arturo Nazareth, Luis Alejandro y Alessandra Sophia Guevara.

Gracias por ser mi motivación diaria para retarme y siempre ir por más.

Recuerden que Dios esta siempre al control.

AGRADECIMIENTOS

La vida es un constante cambio y estoy agradecido de estar rodeado de las personas correctas para crecer, avanzar, motivarme y apoyarme a dar siempre una milla extra. Es un privilegio poder estar acompañado de mentes brillantes, talentos espectaculares y corazones nobles, amorosos y generosos.

La gratitud se ha convertido en mi pilar de vida, en ese puente inmediato que me conecta con Dios, con mis metas y con mi propósito. Cada palabra de este libro está influenciada por las miles de personas que he visto llorar en mis conferencias al darse cuenta de realidades que son necesarias comprender para poder avanzar.

Los logros se conquistan cuando tienes un excelente equipo y Dios me ha dado la bendición de tenerlo y de crecer juntos incondicionalmente. Es un tesoro de vida poder contar con su lealtad, creatividad y esmero.

Mientras respire agradeceré cada momento en donde viví y formé parte de esos cambios extraordinarios en la vida de las personas a través de un buen plan estratégico para emprender y crear su marca poderosa. Cada día es un nuevo comienzo, así que falta mucho por recorrer, tú eres parte de este camino.

Nos mueve el amor y la pasión por vivir, y agradezco tener una familia maravillosa que me ha apoyado en todo, son mi fuerza para seguir adelante.

La base de cualquier cambio comienza por el agradecimiento a todo lo que nos rodea, nos enseña y lo que permite que estemos vivos y podamos soñar en grande, por eso es la semilla para seguir creciendo cada día más.

Estoy convencido de que para dar un salto exponencial necesitamos reconocer qué debemos soltar para que podamos abrir nuevos niveles de esas metas que nos trazamos. Cuando reconocemos nuestros talentos y potencial ya nada es igual, eres imparable.

Quiero agradecerle a Niurka Gómez por siempre ser esa voz retadora de sacar lo mejor de mí para ustedes y a César Ramos, un ángel en esta historia. Sennet Terraza, desde que llegó a este proyecto su entrega ha sido total y su energía única; Paola Vezga, mi directora de la división Construye tu Marca de Leg Marketing, por llevar mi metodología a la perfección en cada marca de éxito que construimos. Antonio Díaz, mi hermano, gracias por tu energía y apoyo para crecer juntos; Madeleine Paolini, por tantos años de entrega con nuestros clientes, a Vicente Pasariello por tu apoyo y por permitirme abrir unos nuevos niveles. A ti, mi estimado Roger Rodríguez, por tanta energía y visión. A todos ustedes que me apoyan con tanta energía y cariño.

Sin ustedes nada de esto estuviese pasando. Agradecido eternamente por ser parte de este nuevo libro, de esta nueva historia. ¡Vamos por más!

INTRODUCCIÓN
APRENDE A GANAR DINERO HACIENDO ALGO QUE AMAS

Para quién es *La marca soy yo*

La primera persona a la que debes ser leal es a ti mismo.
Tu libertad comienza cuando tomas la decisión de hacerte responsable de tus dones para crear la vida que quieres y mereces.

Luis Eduardo Guevara

Independientemente del lugar donde estés actualmente siempre el camino estará hacia delante, hay mucho más que recorrer y aprender. Hay muchas creencias que transformar y nuevos niveles que alcanzar. Cuando escribí este libro pensé en: empleados que necesitan independizarse porque están cansados de trabajar para otros o de hacer algo que no les gusta, trabajadores independientes o *freelancers* que quieran conectar con más clientes y crear una marca que los represente, desempleados que buscan transformar su situación actual en un negocio propio que los ayude a retomar el control de su vida, profesionales que deseen reinventarse y estén decididos a invertir su tiempo y energía en un negocio propio que les apasione y multiplique sus ingresos, dueños de negocios que requieren una actualización para aumentar sus ventas y llegar a más clientes, soñadores que quieran aterrizar sus ideas y comenzar a ver resultados en la realidad, emprendedores que requieren diferenciarse del resto, influenciar, impactar y crear una comunidad que confíe en ellos y empresarios que quieran crear nuevas líneas de negocio y posicionarse en su sector.

Para ti, ser humano extraordinario, que tienes una historia que contar, mucho más por dar, que sientes un fuerte llamado interior para crear algo nuevo y dejar tu huella en este mundo. Para ti: *emprendedor tiburón.*

¿Qué pasará?

Transformación. Visión. Enfoque. Convicción. Determinación. Conexión. Escalabilidad. Reputación. Ganancias.

Vas a cambiar la percepción que tienes de ti mismo.

Aprenderás a aterrizar tus ideas y pasarlas a un plan de acción.

Descubrirás a quién le vas a vender y por qué.

Crearás tu marca y la de todos tus productos o servicios.

Aprenderás a hacer dinero mientras duermes.

Sabrás qué estrategia aplicar para aumentar tus ventas y conseguir clientes y socios.

Conocerás cómo crear tu propio equipo de tiburones.

Sabrás cómo conseguir tus primeros clientes.

Te levantarás con un propósito claro para seguir hacia delante.

Tendrás una nueva relación contigo mismo, con el mundo y con el dinero.

Crearás tus propias oportunidades y no te quedarás paralizado esperando que algo pase.

Sabrás que, como tú, muchos se atrevieron a dar el gran paso y conquistaron sus sueños con estrategia.

Conocerás cómo crear contenido que conecte.

Sabrás de quién rodearte y de quién alejarte.

Determinarás tu ruta de éxito y no habrá ningún motivo para volver atrás.

LA RIQUEZA VA MUCHO MÁS ALLÁ DE
UNA CONDICIÓN SOCIOECONÓMICA.

LA VERDADERA POBREZA ESTÁ EN TU
MENTE Y SOLO TÚ DETERMINAS LA
ENERGÍA CON LA QUE IMPULSAS TU VIDA.

LUIS EDUARDO GUEVARA
@LUISEGUEVARA

LUISEGUEVARA.COM

#MODO TIBURÓN

Según el Instituto Nacional de Estadística de España (INE) la creación de empresas en los primeros meses de 2021 aumentó un 57,6% en comparación con 2020. En Colombia, la creación de nuevas empresas aumentó un 10,6% en comparación con 2020, según Confecámaras. Y en Estados Unidos las cifras son maravillosas y sorprendentes, ya que en los últimos 10 años los números de emprendimientos latinos han aumentado un 34%, superando incluso a todos los países de América, según estudio de la Universidad de Stanford.

LOS TIEMPOS HAN CAMBIADO PARA BIEN.
PREPÁRATE PARA TRIUNFAR.

CAPÍTULO

1

CAPÍTULO 1
ATERRIZA AQUÍ Y AHORA

El tiburón de las ventas: conóceme

Soy Luis Eduardo Guevara, nací en Caracas, y me crie desde muy niño en San Juan de los Morros, estado Guárico, Venezuela. Con tan solo ocho años de edad comencé a vender sábanas para ayudar a mi mamá con los gastos de la casa. Lo que comenzó como una necesidad, se convirtió en una herramienta poderosa que me abrió las puertas en el mundo de los negocios. Creo que comenzar desde niño me permitió eliminar el miedo por completo, porque lo hacía por curiosidad, y no tenía ninguna duda de hacerlo. Me gustaba hablar y vender, y desarrollé confianza en mí mismo porque era mi pasión. Siempre practiqué, estudié y seguí una metodología que me permitía saber qué hacer y qué no. En los negocios no puedes ir con los ojos cerrados, tienes que conocer el terreno y el paso a paso para que puedas cumplir cada objetivo con confianza en lo que estás haciendo. **Cuando sabes por dónde caminar, el miedo se reduce.** Con la práctica fui creando estrategias de conexión, inversión, publicidad y escalabilidad, siguiendo un sistema, porque nunca he creído en la improvisación. Las ventas me enseñaron a conectar, a ser organizado y a tener la disciplina para ir cumpliendo todas mis metas personales y de negocio. No vengo de una familia adinerada, pero sí muy rica en valores. Me desarrollé en un entorno lleno de disciplina, convicción y fe. La fuerza mental la fui desarrollando desde niño porque mi actitud de tiburón siempre me mantuvo enfocado en lo que quería para mi vida. Siempre he creído que el por qué y para qué de lo quieres lograr serán tu impulso para llegar a donde te lo propongas.

Vendiendo chucherías y sábanas logré pagarme un colegio privado, saliendo de 6.º grado a la secundaria. Sé lo que es comenzar desde cero, y si yo pude, tú también puedes. Mi primera mentora de vida, Elena Guevara, mi madre, siempre me guió con su sabiduría y su fuerza, una de las frases que más repetía era:

Nuestra mente es como un diccionario. Saca de tu mente el «no se puede».

Así crecí, con ese impulso de creer que todo es posible y que con metodología y perseverancia las cosas se pueden lograr. A los doce años comencé mi primer emprendimiento, un programa de radio el cual se llamaba *Club Magazine* y desde entonces un negocio fue creando otro más grande hasta crear mi primer circuito radial con más de catorce emisoras FM, tiendas de electrónica, perfumerías, agencias de *marketing*, tiendas de ropa y calzado en Venezuela. Siempre fui vendedor y estratega, me gradué como Publicista y mercadólogo y gracias a la combinación de mi pasión, habilidades y talentos, logré pasar de cero a ser un empresario integral. Actualmente he creado más de veinticinco empresas, construido más de seiscientas marcas y capacitado a más de tres mil emprendedores. Sin embargo, no todo es tan fácil como se dice. En el mejor momento de mi vida, justo cuando mi primer hijo, Arturo Nazareth, había nacido, en mi país natal la economía y situación política estaban muy inestables y sentí un llamado muy poderoso de ir por algo más grande.

Tomé la decisión de salir de Venezuela y comenzar una nueva vida en los Estados Unidos hace once años atrás. Agarré mis maletas, y emprendí un viaje junto a mi esposa y mi hijo, acto que muchos vieron como una locura, porque en Venezuela no me faltaba nada. No me sentía seguro en mi país, no quería vivir de esa manera y mucho menos darle ese futuro a mi hijo, él me impulsó a dar una milla extra y siempre supe que estaba acompañado por Dios a donde quiera que fuera. Fueron días de llanto y despedidas, pero lo logramos. Conozco el miedo que sientes al dejar toda una vida atrás, al llegar a un país desconocido, esa incertidumbre que puede hacer que te paralices. Pero confié en aplicar mi metodología de ventas y en mi diccionario no estaba la palabra «imposible», porque para todo hay una estrategia y una solución, nada se logra desde la duda, avanzando es que puedes descubrir cuánto puedes lograr.

Actualmente vivo en Miami y hoy tengo tres maravillosos hijos: Arturo Nazareth, Luis Alejandro y Alessandra Sophia, que veo crecer felices en esta ciudad, lugar en donde decidí crear mis propias oportunidades. Nadie me esperaba aquí en Miami, tuve que comenzar desde cero y entre ensayo y error logré independizarme y formar mi propia empresa. Al llegar a este país, muchos me dijeron que me buscara un empleo, que abrir una agencia de *marketing* era muy difícil, porque la competencia era demasiado grande, pero recuerda, un **tiburón** debe saber a quién escuchar. No permitas que alguien reduzca tus sueños y te digan que es imposible. Todo se puede. Yo seguí mi intuición, y decidí tener el valor para no conformarme. Mi verdadero deseo de ser independiente me mantuvo firme y no dejé que el miedo tomara mis decisiones y mucho menos dejarme influenciar por los miedos de otros. Tenía mi por qué y para qué bien definidos y sabía que, con la habilidad de la venta, podría crecer en cualquier lugar.

Hoy soy CEO de la agencia LEG Marketing 305, LEG por las iniciales de mi nombre, una de las más importantes de la ciudad, posicionada entre las diez agencias de mayor crecimiento en la comunidad de latinos en Estados Unidos. La cara de mi agencia era el logo del león, por mi signo leo, y siempre fue muy exitosa, pero tuve un momento de claridad cuando pensé ¿Qué pasaría si todo lo que llevo años haciendo para otras personas, servicios y productos lo hago conmigo mismo? ¿Qué pasaría si creo una marca para mí? Una para Luis Eduardo Guevara. Siempre me decían: «Luis, eres un **tiburón de las ventas**», porque la venta es la habilidad que siempre me ha caracterizado y que se convirtió en mi filosofía de vida, en mi pilar principal de crecimiento. Entonces decidí crear para mí mismo una marca como persona, más allá de un logo. Me convertí en una marca que impacta no solo por sus colores o identidad gráfica, sino porque la fuerza interna que soy, por el legado que dejo en cada persona. Se trata de ser mi propia empresa caracterizada por mi personalidad, mi estrategia y mentalidad, que me permiten crear, impulsar y acompañar cualquier tipo de negocio, producto o servicio. Entonces nació *El tiburón de las ventas* como marca. Este fue el nombre de mi primer libro, el cual escribí en el año 2021, y que te enseña a vender cualquier producto o servicio con el método LEG de 15 pasos, sin importar tu experiencia. Desde entonces el éxito se ha multiplicado de forma extraordinaria.

En esta nueva era digital las personas se conectan con las personas, un logo y un nombre no es suficiente para una empresa, la gente quiere ver caras que representan sus ideales y depositar su confianza en humanos, no en carteles publicitarios. Necesitan escuchar una voz que los identifique y conocer una historia que los inspire. *El tiburón de las ventas* sigue creciendo: son mentorías para personas y empresas, libros, cursos, *masterclass*, conferencias, empresas de servicios, empresas de nutrición, comunidad digital Club de Tiburones, infoproductos y la agencia de *marketing*. Como ves, un producto o servicio no tiene que parecerse a otro, siempre y cuando estén impulsados por tu fuerza y tus habilidades.

Me transformé en un producto que puede apoyar cualquier otro producto, y que es la cara que representa mi marca. La metodología *La marca soy yo* es un concepto que yo cree para mí mismo, porque yo soy capaz de crear múltiples fuentes de ingresos y entendí que desde mi persona puedo diversificarme, duplicar mis ganancias y expandir mis oportunidades. Te voy enseñar de qué manera también puedes hacerlo, no importa tu profesión, edad o de dónde vienes. Aprenderás cómo crear tus propias unidades de negocio y lograr depender de ti mismo, quitando ese dolor de cabeza de perder un trabajo, hacer algo que no te gusta o vivir con miedo porque solo tienes un ingreso que no te alcanza. Lo importante es que abras tu entendimiento a que puedes crear otras áreas de negocio, impulsar con tu fuerza, con tus talentos y habilidades, más allá de un logo o de una profesión.

Activa tu modo tiburón

Prepárate para abrir tu mente a nuevas posibilidades de expansión monetizando tu experiencia, tus dones y tus talentos.

Viene algo diferente, y puedes hacerlo, tú puedes. Desde este preciso instante, siente un nuevo poder en ti que te conecte con la energía del dinero, de las ventas y del *marketing* para crear tu propio negocio y dejar de ser esclavo de tus excusas o de trabajos que no te gustan. Sé que lo has estado deseando, ya llegó el momento de que tengas en tus manos el paso a paso y sueltes definitivamente ese miedo que te ha tenido paralizado (a).

El mundo ha cambiado, tú mismo lo has presenciado. Ya las personas no se dedican una vida entera a una sola cosa. Ahora puedes crear diferentes tipos de negocios que te permitan vivir en libertad, con completa independencia financiera y emocional. Desde ahora toda tu energía estará enfocada en tus propias metas, en esos anhelos que seguramente llevan años en tu cabeza y no has podido lograr ¡Enfoque de tiburón desde ya! Seguramente ya has pasado suficiente tiempo dedicándote a otras cosas, personas, trabajos, situaciones e, incluso, a la vieja versión de ti mismo. Ahora es tu momento, quiero que al leer este libro sientas que te estás haciendo un regalo a ti mismo. Que sientas que es la oportunidad que estabas esperando y que estás leyendo esto porque tú mismo lo manifestaste.

Cosas buenas les pasan a las personas que se dedican a mejorarse a sí mismas.

Es válido querer más, es inteligente querer escalar, es necesario avanzar. La economía es cambiante y todo va muy rápido, así que activa tu sensor de oportunidades y comienza a ver tu vida de forma estratégica. Este libro está escrito para transformar ideas en negocios exitosos que vendan, conecten y puedan crecer sin parar. Desde ahora ya no te verás a ti mismo como una persona que depende de un solo ingreso, sino que aprenderás a cómo convertirte en una marca, en el centro y el motor que impulse cualquier negocio que te propongas. Activar tu **modo tiburón** significa pensar, creer y ejecutar como estrategia de vida y negocios, los siguientes decretos mentales:

«La marca soy yo»

«La empresa soy yo»

«Soy el principal vendedor de mi marca»

«Soy el principal creador de mis oportunidades»

«Puedo generar mis fuentes de ingresos»

Hay algo más allá de todo lo que has hecho hasta ahora y aquí lo conocerás. Tus posibilidades son muy amplias y tu éxito dependerá de cómo te mires a ti mismo de ahora en adelante.

No se trata de una marca personal y un logo. *La marca soy yo* es una estrategia de vida donde tú eres la fuerza que impulsa una o varias unidades de negocio. Repito, no es una marca personal, este libro no se trata de eso. Es una metodología que abarca mucho más, engloba la evolución de los negocios y de la independencia del ser humano utilizando su poder emprendedor. Es la tendencia del momento para lograr escalar en los negocios y no encasillarse en una sola cosa. Te invito a salir del sistema de otros y comiences a crear tu propio sistema de ingresos en **modo tiburón.** Con un norte definido, con un mapa que te muestre el paso a paso y te permita saber qué ruta tomar, así como un GPS. Suelta todo lo que te pesa y allá vamos.

TU FUERZA SE ALIMENTA DE TU POR QUÉ Y PARA QUÉ. SI TUS RAZONES PARA TRIUNFAR SON PODEROSAS, SIEMPRE ENCONTRARÁS MOTIVOS PARA SEGUIR ADELANTE.

LUIS EDUARDO GUEVARA

@LUISEGUEVARA

LUISEGUEVARA.COM

#MODO TIBURÓN

Encuentra la fuente de tu motivación

La gran mayoría de las personas que quieren emprender comienzan pensando en lo que quieren ganar o en lo que les falta. Si estás en la energía de la carencia, de las excusas o de las dudas, no darás el primer paso correctamente. El error al comenzar un negocio es perseguir el dinero y no prepararse en lo más importante: la mentalidad para asumir un nuevo estilo de vida que esté enfocado en crear planes y soluciones para obtener lo que quieres. Todo es un proceso. Si trabajas primero en ti y luego en la estructura de tu negocio, el dinero será una consecuencia, no tienes por qué perseguir algo que va a llegar gracias a la estrategia. Antes de saber qué vas a vender y cómo lo vas a hacer, tienes que calmar todas tus angustias, temores y ansiedades. La energía es tu combustible y si estás dudando, pidiendo a gritos que te llegue el dinero o desesperado porque las cuentas te van a comer, debes parar un momento y comenzar con cabeza fría. Las decisiones importantes no se toman desde la emoción. Cualquier arranque sin planificación te costará tiempo, dinero y energía.

Escribí este libro para que aterrices tu negocio y puedas vivir de él, para que en tres meses ya tengas tu negocio andando; pero todo en la vida se hace con un paso a paso. Para que la receta salga bien, hay que seguir un procedimiento. El éxito de tu emprendimiento no va a depender de cuán rápido comiences o de la cantidad de dinero que tengas disponible para comenzar, sino de la planificación y de la mentalidad que tengas para emprender. Para lograr que el dinero trabaje para ti, alinea todos tus pensamientos para que estén a tu favor y no te jueguen en contra.

Reconocer y reaccionar

Eres libre cuando reconoces dónde estás, cuando decides a dónde quieres ir y cuando planificas cómo hacerlo.

Si tú no reconoces dónde estás actualmente, quién eres y lo que quieres lograr, puede que seas un empleado y eso está bien. **Sin un por qué y para qué no hay ninguna reacción que impulse al cambio.** Si quieres emprender es por algo, porque quieres algo diferente, porque hay algo que necesitas con toda tu alma y ya estás 100% decidido a conquistarlo, porque te has dado cuenta que lo estás haciendo actualmente no te llena y quieres alcanzar un nuevo nivel en tu vida. Para emprender, primero es necesario reconocer cómo está tu energía, qué tipo de pensamientos estás escuchando y qué te frena. La gente pone excusas de todo tipo y frena su éxito por sí misma. La verdadera limitación es mental. Actualmente estás pasando por algo que ya no quieres repetir más ¿Qué es?

Reaccionar ante tu realidad, te hará saber dónde estás. Para que llegues a la idea de tu negocio, primero tienes que reconocerte a ti mismo.

¿Dónde estás ahora? ¿Cómo te sientes?

Es importante ver qué es lo que está pasando en tu vida, porque hay muchas personas que simplemente no se dan cuenta de que están mal o que no son felices. Quieren un cambio, pero no saben qué es exactamente lo que deben cambiar.

¿Quién eres actualmente y cómo te sientes? ¿A dónde quieres ir? ¿Por qué y para qué?

Estás agobiado de tanto trabajo y poca remuneración. Estás resignado porque sientes que ya pasó tu tiempo. Te sientes derrotado porque el mundo está acelerado y no has logrado emprender algo que impacte. Estás cansado de cometer errores y perder dinero. Te sientes desorientado porque no sabes qué hacer y cómo empezar. Estás desmotivado porque trabajas en algo que no te gusta. Te sientes estancado económicamente. Sabes que puedes hacer nuevo que te genere felicidad y dinero. ¿Cuál es tu razón para emprender y convertirte en una marca? ¿Por qué quieres dejar el lugar dónde estás ahora? ¿A dónde quieres ir?

Te dejo algunas posibles respuestas. No son únicas, pero te pueden ayudar a encontrar las tuyas:

Quiero invertir mi tiempo en algo propio.

Quiero reinventarme y comenzar una nueva vida como emprendedor.

Quiero aprender nuevas estrategias para vender mis propios productos o servicios.

Quiero aplicar una metodología para superar los errores e invertir correctamente mi dinero.

Quiero saber qué hacer y cómo hacerlo con un plan paso a paso.

Quiero sentirme motivado y apasionado por mi vida y mi negocio haciendo algo que ame.

Quiero ser libre económicamente.

Quiero emprender un negocio que me genere felicidad y dinero.
Aquí y ahora reacciona a lo que estás viviendo. Reconoce que estás cansado de vivir lo mismo por años, de soportar a jefes, de no hacer lo que siempre has querido, de sentirte estancado en tus propios pensamientos o en situaciones que no llevan a dónde quieres. El por qué quieres hacer un cambio en tu vida, por qué quieres emprender y para qué lo vas a hacer, van a ser tus recordatorios, tus razones poderosas para seguir adelante. **Cuando sientas que no puedes más, es cuando recordarás tu por qué y para qué.**

En este momento el por qué y para qué es personal, se trata de ti, aun no hablamos del por qué y para qué de tu producto o servicio. Es tu razón interior que te impulsará a lograr tus objetivos, a hacer el trabajo aun esos días donde te provoque tirar la toalla. ¿Te sientes motivado o tienes miedo? ¿Estás aún en un trabajo que no puedes dejar? ¿Ya estás listo para comenzar o debes planificar cómo renunciar a tu trabajo? ¿Ya sabes qué quieres hacer exactamente? ¿Actualmente tienes el capital para emprender o debes ubicarlo? ¿Qué es lo te mueve? ¿Cuáles son esas razones que te hacen querer transformar tu situación actual? Tú por qué y para qué son tu mayor fuerza de inspiración, creando en ti un deseo inquebrantable de cumplir lo que te propones. Son las razones poderosas que guiarán tus decisiones personales y por lo tanto las de tu negocio. Tú eres la empresa, teniendo claro por qué quieres cambiar y para qué quieres emprender. El por qué es el motivo que le da sentido a tu vida y tu negocio, es el por qué haces lo que haces. Tiene que conectar contigo y motivarte internamente, conectado con tus emociones y deseos.

Responde esta pregunta: ¿Por qué quieres emprender? ¿Cuáles son tus motivos?

- Realización personal. Sentir satisfacción de hacer algo por mí mismo.
- Independencia financiera y emocional. Dejar de depender de una sola entrada de dinero y enfocar mis esfuerzos a mi propio negocio.
- Reputación y estatus. Proyectarme como una persona de negocios exitosos.
- Tener el control de mi tiempo.
- Dejar una huella en el mundo. Impactar la vida de las personas y crear empleos.
- Retomar el control de mi vida.
- Porque quiero casarme o divorciarme.
- Crear una alternativa para el desempleo y crear mis propias oportunidades.
- Quiero una mejor vida para mí y mi familia.

Y ahora responde ¿Para qué lo vas a hacer?

- Para comprarme una casa propia.
- Para regalarme los viajes que siempre he querido.
- Para generar empleos y mejorar la vida de otras personas.
- Para multiplicar mis ingresos.
- Para dejar el trabajo que me tiene cansado.
- Para creer en mí mismo y vencer el miedo.
- Para vivir de un negocio que ame y me enorgullezca.
- Para comprarme un carro nuevo.
- Para mudarme a una zona mejor.
- Para garantizar el bienestar de mi familia.
- Para demostrarme a mí mismo que puedo ser capaz de cumplir lo que me propongo.

Para aterrizar aquí y ahora, escribe tres razones personales poderosas de por qué quieres emprender y para qué lo vas a hacer.

Yo ______________________________ decido en este momento que voy a triunfar en mi negocio porque

____

____

____

____

____

____

____

____

____

____

__________________________ y todo esto lo lograré para ________

Conjunto de pensamientos y premisas enfocados en creer en ti mismo para alcanzar tus metas. Es la mentalidad que impulsará tus decisiones diarias para enfocarte en el éxito y superar los errores. Son recordatorios mentales para transformarte en la **marca** y en un **tiburón de las ventas**. Pensamientos optimistas que te permiten crear soluciones. Una persona con ***mindset* modo tiburón** sabe que siempre puede alcanzar un nuevo nivel y se capacita constantemente para cumplir lo que se propone. Su fuerza interna lo diferencia de las sardinas.

¿Cuáles son las emociones que han influenciado tus decisiones?

Haz un cambio a partir de ahora.

Reconoce cómo estás y reacciona a cómo te quieres sentir.

MODO SARDINA	MODO TIBURÓN
Inconformidad	Agradecimiento
Malhumor	Optimismo
Frustración	Empoderamiento
Obligación	Pasión
Molestia	Armonía
Resentimiento	Receptividad
Miedo	Fascinación
Vergüenza	Felicidad
Victimismo	Responsabilidad
Preocupación	Valentía
Fastidio	Logro
Inseguridad	Motivación
Indecisión	Libertad
Derrota	Confianza
Confusión	Capacitación

CAPÍTULO

2

CAPÍTULO 2
CÓMO VENCER EL MIEDO A EMPRENDER

Vence la *mamazón mental*

Este dicho es utilizado comúnmente a forma de expresión coloquial y cómica en mi país natal, Venezuela, y en algunos países de Latinoamérica, haciendo referencia a la falta de dinero. Yo le di una nueva interpretación, porque entendí que la pobreza no solo se trata de falta de dinero, sino falta de valores, confianza, fe, planificación y optimismo. Es una expresión que se ha popularizado entre mis seguidores y que conecta, inmediatamente con el mensaje de que la escasez es mental.

Definición:

- Conjunto de creencias y costumbres que limitan a las personas y les impiden ver y crear soluciones para sí mismos.
- Escasez de optimismo, exceso de quejas y visión negativa de la vida, del dinero y de todo lo que existe.
- Actitud interna que bloquea toda bendición.
- Tendencia a crear juicios negativos de las capacidades propias y de su entorno.
- Modo conformista de pensar y actuar.
- Enfoque errático en todo lo que falta y lo que está mal.
- Excusa eterna de que todo es difícil e imposible.

Una persona que está en *mamazón mental* culpa al mundo de su situación personal y se niega a tomar acción para crear soluciones a sus problemas.

EL PRIMER PASO PARA CONVERTIRTE EN TU PROPIA FUENTE DE PROSPERIDAD ES SALIR DE ESTE ESTADO Y DECIDIR CAMBIAR TU MENTALIDAD. CAMBIAS TU FORMA DE PENSAR Y COMIENZAS A GANAR.

La rueda del ratón

Fuimos educados con el concepto de que un título y buen trabajo determinarían el éxito en nuestras vidas. Sin embargo, esa búsqueda de cumplir con lo que era lo «correcto», y digo «era» porque actualmente las cosas son muy diferentes, se ha convertido en una carrera sin fin que solo persigue una única cosa: pagar las deudas del final del mes.

«Luis, no sé qué hacer con esta *mamazón* que me trae loco/a».

Ese comentario se repite una y otra vez en diferentes encuentros con amigos, seguidores y conocidos, como una llamada de auxilio porque no tienen ni idea de cómo salir del ciclo tóxico donde el rumbo de su vida se pierde porque solo trabajan y trabajan para consumir siempre lo mismo: carro (el que puede), agua, luz, teléfono, colegio de los hijos y una que otra salida, que muchas veces les revienta el bolsillo.

La rueda del ratón es un sistema que ha creado la sociedad para que consigas un trabajo para devolver el dinero que te ganas mes a mes al mismo sistema, sin intención alguna de promover la inversión en ti mismo. Estar en la rueda del ratón significa despertar desmotivado porque tu energía la gastas en algo que no te hace feliz. Donde estás cansado de trabajar para otro y no ves salida a esa rueda que anda y anda, pero no te lleva a ningún lado. Es la forma de trabajo más común en el mundo, la gran mayoría de la población vive de esta forma. De hecho, en mi experiencia capacitando empresas, la rueda del ratón puede existir en todos los rangos y te explico por qué:

- El empleado que está haciendo algo que no le gusta y vive culpando a la empresa, cuando se trata de que él mismo eligió lo que está viviendo.
- El gerente que se queda estancado en un mismo sistema interno y no se atreve a innovar dentro de su gestión, hasta llegar al punto de trabajar y trabajar, pero sin lograr ninguna meta extraordinaria dentro de la empresa que le pueda generar ascensos o nuevos ingresos.
- El dueño de su negocio, que depende de una sola fuente de ingresos y vive con el miedo de que, si la empresa falla, se quedará en la calle.

La rueda del ratón es un ciclo que puede vivir una ama de casa donde la rutina la agobia, un gerente que no sabe cómo crear un nuevo plan que lleve su gestión a un nuevo nivel, un emprendedor que solo vive de las ventas diarias y que sufre cuando se asoma una mediana crisis porque solo depende de un solo negocio o un empresario que cada año ve cómo bajan los números y prácticamente vive para pagar a los empleados y no cerrar. No se trata de culpar la forma en cómo fuimos criados, porque lo importante es cómo asumimos nuestro presente con nuestras propias decisiones y nuevas creencias con respecto a la vida y los negocios. Aquí vamos a aprender a ganar y a salir de la rueda del ratón donde solo trabajas y trabajas para pagar la renta y las deudas básicas del mes y vuelves a repetir este ciclo treinta días más. Reacciona y reconoce que eso no es vida, hay más allá afuera para ti. ¿Te pasa que cuando pagas el carro, los bills, los servicios, el alquiler sientes como si le entregaste treinta días más de tu vida a las deudas y vuelves a repetir esa rutina que te tiene con miedo a perderlo todo?

Crea tu propio sistema y deja de depender de otros. Abre tu entendimiento para que transformes tus talentos en un emprendimiento que te permita tener el control de tu tiempo, de tu energía, donde desarrolles tus propias oportunidades de negocios, generes empleos para los demás, donde te haces responsable de tus ingresos y esfuerzos. Dale otro sentido a la vida. Entiende que tu trabajo actual no es la única forma de obtener dinero, hay mucho por aprender y no es necesario ser un experto empresario para crear un negocio que monetice y te saque de la rueda del ratón. Con esto no te estoy diciendo que vas a ir mañana mismo a renunciar a lo que has venido haciendo hasta ahora, porque no es desde la emoción que vas a tomar decisiones. Necesitas comenzar una transición entre tu situación actual y dónde quieres ir, por eso es tan importante aterrizar dónde estás actualmente. Debes contemplar el ahorro como parte de tu estrategia, prepararte para tener éxito y no improvisar en nada. Así como un GPS, hay que reconocer dónde estamos localizados y a dónde queremos movernos y cómo lo haremos. Nunca recomiendo tomar una decisión sin base, corriendo, como por ejemplo renunciar de inmediato, a menos que la persona esté preparada para ello.

Al tener bien claro por qué y para qué quieres emprender y dónde estás, pasamos al siguiente paso de eliminar el principal factor de fracaso que frena a las personas: el miedo.

CUANDO TE CAPACITAS, DESARROLLAS CONFIANZA EN TI MISMO Y EN EL PLAN QUE VAS A EJECUTAR.

SI IMPROVISAS ERES ESCLAVO DEL MIEDO.

LUIS EDUARDO GUEVARA

@LUISEGUEVARA

LUISEGUEVARA.COM

#MODO TIBURÓN

Capacítate, muévete con planificación y el miedo disminuirá

La inseguridad o incertidumbre de los resultados siempre va a existir, el principal problema es que cuando te invade el miedo te paralizas. He experimentado que mientras más me capacito, más seguridad desarrollo. El miedo se vence con capacitación. No siento que he llegado al tope del éxito, porque siempre creo que se puede avanzar a un nuevo nivel. Estoy todo el tiempo con el compromiso de mejorar, a mí mismo, a mis clientes y a mis empresas. En ese camino de aprendizaje descubres tantas cosas que ganas mucha seguridad en lo que haces. Si te preparas el miedo ya no tiene el control, porque el miedo viene del desconocimiento.

Imagínate emprender un viaje a una ciudad desconocida, que te la describen como muy emocionante pero no tienes un mapa o GPS para guiarte. Llegas y no conoces ni siquiera los nombres de los lugares, las calles, ni cómo comunicarte con los habitantes. Te daría mucho miedo avanzar así, sin saber a dónde vas ni qué te espera en cada esquina. Lo mismo pasa con los negocios, independientemente de la dimensión de los mismos, si es un pequeño emprendimiento o una gran empresa que quiere dar un paso más, todo debe contar con un mapa para que nada te tome por sorpresa. Confía en la capacitación constante, busca información y aprende lo más que puedas, en primer lugar, sobre ti mismo, tu mentalidad y tu mundo emocional y luego sobre el negocio que quieres emprender. Así el miedo se va a reducir. Tengo casos de emprendedores que, en las primeras mentorías personalizadas que tuvimos, comenzaron aterrorizados. Realmente estaban paralizados por el miedo, porque de solo pensar emprender se les ponía la piel de gallina por el estrés y la angustia. Por eso es tan importante buscar un mentor, un guía o simplemente capacitarte comprometidamente en eso que quieres sacar adelante. A medida que fuimos construyendo su plan de acción, el miedo iba bajando y la confianza en sí mismos y en su emprendimiento aumentaba.

Mucha gente no sabe a qué le tiene miedo exactamente y se niegan la posibilidad de emprender por sentir ese temor. A continuación, veamos las necesidades básicas del ser humano para comprender dónde estás actualmente. La mayoría de la gente en el mundo trabaja para sobrevivir, no para vivir a plenitud. Todo se basa en cubrir la comida, la casa y el empleo, lo que representan los principales gastos del mes en dinero y energía. Si estás aquí es porque te cansaste de vivir de esa forma, porque ya no quieres trabajar todas las noches como taxista o ir a ese trabajo que te tiene mal económica y emocionalmente. Cuando te conviertes en la marca, comienzas a impulsar tu vida para ti mismo, con tus dones y talentos. A medida que vamos estudiando más las razones de nuestro miedo, más confiados nos vamos a sentir. La seguridad es otro de los factores vitales para ejecutar tu plan de acción. He escuchado personas diciendo: «Bueno, ojalá me vaya bien» ¡No! El ojalá no existe, tienes que estar convencido de dar tus pasos con firmeza, con convicción de tiburón.

Identifica tus miedos

Comenzar algo sin saber qué pasos dar, inevitablemente te llenará de miedo porque sabes que en cualquier momento vas a caer y lo peor, como no tienes un plan no sabrás cómo levantarte. Pero, hay miedos que se esconden uno tras otro y lo mejor es identificar verdaderamente lo que te paraliza para incluir estrategias que reduzcan esa sensación. **Los miedos son necesarios, porque te indican en qué debes trabajar y cómo te debes preparar.**

Aquí te presento los miedos más frecuentes a los que me he encontrado en mis mentorías, conferencias, comentarios en redes sociales, reuniones y en el transcurso de los años en el mundo de los negocios:

MIEDO	*MINDSET* MODO TIBURÓN
Quedarme sin empleo	Emprende con un plan organizado. Así no tendrás problemas en mantener un equilibrio entre tu trabajo y tu negocio. De hecho, en estos tiempos de cambios, mantener tu empleo y crear un emprendimiento es una idea muy inteligente. No te vas a quedar sin empleo si buscas apoyo y delegas tareas. No te sobrecargues de trabajo.
Perder todo mi dinero	Es un error invertir todo tu dinero. Para emprender debes prepararte previamente y ordenar tus finanzas. Incluso, puedes emprender con un socio y dividir el capital semilla. Además, debes contemplar un plan donde sepas cuándo y cómo vas a recuperar tu inversión. Busca expertos. Hay profesionales para todos los bolsillos, solo asegúrate de que tenga experiencia comprobada.
Fracasar y recibir burlas o comentarios negativos	La fuerza de un negocio comienza en la mentalidad del emprendedor. Tu valor no está en los puntos de vista de los demás. Aprende a recibir e integrar lo que te beneficia. Mucha gente querrá proyectar en ti sus propios miedos o frustraciones, para generalizar, por simple desconocimiento. Lo importante es que vivas tu propio camino. Ya basta de vivir para los demás. ¿Fracasar? Fracasar es el mejor método de aprendizaje. Ningún niño dejó de caminar porque se cayó dando sus primeros pasos. Confía.

No tener el apoyo de mi pareja o familia	Este caso es muy común. Naturalmente contar con el apoyo de tu familia y tu pareja sería lo ideal, pero ¿qué pasa si no es así? Debes seguir adelante y poner tus metas como prioridad. Si tus seres queridos no te apoyan, abre un espacio en tu vida para nuevas personas que sí estén conectadas con tu visión. Crea tu equipo de tiburones, busca un mentor, trabaja en tu fuerza mental y comprende que el otro no tiene ni idea de la grandeza que tú quieres desarrollar. El camino del emprendimiento está lleno de decisiones y prioridades. Confía en tu plan de acción y deja que el tiempo y tus resultados les demuestren que estaban equivocados.
Que me desalojen de mi casa o perder mi carro.	En muchos países los tiempos de pago de hipotecas y alquileres son muy estrictos. Estados Unidos es uno de ellos. El solo hecho de imaginar que pueden perder la estabilidad de su casa o el carro, les causa terror. En tu plan de acción debe existir una parte que respete y cubra tus gastos principales. Si no tienes el capital completo, comienza con crear la estructura de tu negocio para ubicar el dinero con patrocinio, aliados, inversores, concursos de emprendimiento, préstamos, etc. No te arriesgues a invertir la cuota mensual de tu casa o carro en un negocio. Aterriza.

No saber qué hacer	Crea tu plan de acción con un experto. No improvises.
No tener talentos o pasión por algo	Tal vez tu energía se enfocó en cumplir los estándares de la sociedad, de una cultura o de tu familia y eso implicó que hicieras algo en tu vida que no te llenó por completo. No fuimos educados para vivir de nuestras pasiones o talentos, sino para estudiar una carrera «que dé dinero», sin importar si realmente eso te gustaba o no. Ahora todo es distinto, puedes vivir amando tu negocio. Solo es cuestión de descubrir eso que te da gusto hacer, algo que te genere interés, curiosidad y sientas que puedes crecer con un propósito más allá del dinero. Más adelante, profundizaremos este tema tan importante para convertirte en *La marca soy yo*.
Arrepentirme en el camino	Este punto está ligado al anterior. Las personas tienden a abandonar o desanimarse en medio del camino porque no están conectadas con su negocio. Comenzaron por recomendación de alguien más, por dinero o por moda, pero no porque amaban ese proyecto. La estrategia es emprender algo que ames, sin importar si suena muy loco, básico o diferente. Si amas lo que haces, no habrá arrepentimientos.

No me gusta vender y me da miedo enfrentarme a las personas	Hay que romper los viejos mitos y comprender que la venta va más allá del producto. Es una forma de aprender y relacionarse. Complementa tu emprendimiento con capacitación en oratoria para vencer el miedo escénico. Aprende Programación Neurolingüística (PNL) y prográmate para ser una nueva versión que tenga más confianza en sí mismo. Si no es tu talento natural, lo puedes desarrollar con práctica. Aprende a vender con mi primer libro *El tiburón de las ventas.*

Tienes que pensar diferente de ahora en adelante. En tu mente se encuentra el poder que te impulsará a visualizarte más allá de tus miedos.

Desde mi experiencia, una persona que no está segura mentalmente no podrá avanzar con éxito porque en el primer obstáculo va a tirar la toalla. Y es que esta reprogramación es tan importante que no solo se trata de enfrentar tus miedos sino mantener tu energía enfocada en el crecimiento. Los temores e inseguridades muchas veces impiden que disfrutes tiempos de calidad que van a nutrir tu experiencia de vida, no te dejan que te relaciones exitosamente, bloquean tu comunicación, bajan tu autoestima y te mantienen paralizado en un pensar y pensar y no actuar.

El éxito en la vida es 80% psicología y 20% mecánica: lo que hagas no importa si no tienes la mentalidad correcta.

Tony Robbins

Libérate de los miedos con conocimiento. Ya tu camino comenzó, tu primer terreno es tu mente. Al identificar qué es lo que ya no quieres más en tu vida, tienes el camino más despejado para aterrizar tu plan de acción, cambiar de hábitos, establecer metas y relacionarte con las personas correctas para crecer. Para reprogramarte a **modo tiburón** debes transformar viejos paradigmas en una nueva percepción de ti mismo y de los negocios. Ya no eres un ser dependiente de otros, sino que eres **la marca** de la cual puede nacer uno a varios emprendimientos. Eres el centro de prosperidad de tu vida. No esperas recibir, sino que te capacitas para dar y crear.

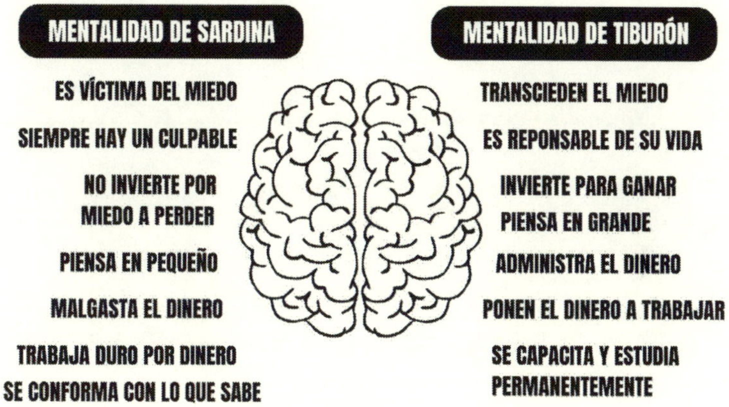

Una vez que has identificado a qué le temes, observa por un momento qué es lo que estás creyendo, a qué le estás dando fuerza y si eso realmente te sirve para algo constructivo. Las creencias limitantes te impiden ver otro panorama de ti mismo y de tu realidad, te impiden alcanzar tus metas y tu libertad.

¿Cuáles son tus paradigmas?

CREENCIAS SARDINA	CREENCIAS TIBURÓN
Hay que ser rico para emprender El dinero es difícil y complicado No tengo tiempo No soy bueno para emprender Los negocios son para los millonarios	Con estrategia puedo lograrlo todo. El dinero es una bendición. Si me planifico lo puedo hacer. Me capacito en todo lo que sea necesario. Puedo monetizar mis talentos y crear mi propio negocio haciendo algo que ame.

Tu nuevo #*Mindset* Tiburón debe recordarte que:

- Todos tenemos la capacidad de ser y crear riqueza. La prosperidad va mucho más allá del dinero. Sí puedes ser rico, cuando te lo propones.
- Ya basta de romantizar la pobreza. No te etiquetes como pobre y entiende que no hay nada de malo en ser rico, también puedes ser honrado y tener la vida que siempre soñaste.
- Tu vida no es como un juego de azar. Asume la responsabilidad de que puedes cambiar tu situación y nunca te conformes.
- La suerte es una excusa de los que no quieren hacer el trabajo.
- Si crees que no eres capaz, nunca lograrás nada. Tienes el poder de conquistar todo lo que te propongas si aprendes a establecer metas y aterrizas de la ilusión y las excusas. Sal del victimismo.
- Las recompensas vienen de la estrategia no del sufrimiento, si no la vida de tanta gente que sufre sería

diferente. El emprendimiento no tiene por qué hacerte sufrir, si aprendes a organizarte bien, puedes tener el control sin trabajar como un esclavo de ti mismo.

SI TUS CREENCIAS NO SON ÚTILES PARA TU CRECIMIENTO, NO TE INSPIRAN Y NO TE MOTIVAN PARA AVANZAR, DESÉCHALAS O TRANSFÓRMALAS. YA NO ESTAMOS PARA GUARDAR COSAS QUE NO SIRVEN.

DEJA DE ESPERAR QUE ALGUIEN HAGA
ALGO POR TI.
LA VIDA YA TE HA DADO HABILIDADES Y
DONES PARA QUE SEAS CAPAZ DE CREAR
TU PROPIA RIQUEZA.

LUIS EDUARDO GUEVARA

@LUISEGUEVARA

LUISEGUEVARA.COM

#MODO TIBURÓN

CAPÍTULO

3

CAPÍTULO 3

TRANSFORMA TUS DONES Y TALENTOS EN UN NEGOCIO ESCALABLE

Quiero que te veas a ti mismo como un ganador. No eres tus fracasos, eres todo lo que has aprendido y vivido y esa experiencia la vamos a monetizar.

Ahora que ya has reconocido qué te impulsa, qué te limita y qué necesitas para cambiar tu mentalidad, vamos a identificar en qué eres bueno, qué amas hacer y en lo que tienes experiencia para que crees un negocio con el que conectes. Seguiremos aterrizando aquí y ahora qué has hecho y qué sabes hacer, para crear una idea de negocio con el que puedas generar ganancias en noventa días y puedas escalar por periodos.

Para comenzar un negocio hay que ser realistas con tus habilidades y con lo que te gusta hacer. El verdadero éxito ocurre cuando amas lo que estás haciendo. Muchas personas se preguntan por qué les va mal en sus negocios, y cuando analizas lo que pasa, te encuentras con que emprendieron algo que no les gusta, algo que les cuesta hacer y si no hay pasión no hay futuro. Otro paradigma que hay que cambiar es pensar que para tener éxito hay que tener una idea revolucionaria. He tenido casos de personas que lo tienen todo para emprender, pero se frenan porque creen que su idea no es tan buena, que no saben hacer mucho del tema o que su idea «es más de lo mismo». ¡Ey! Lo importante es que comiences con algo que te guste, no importa si eso ya existe, porque en los negocios no se trata de inventar el agua tibia, se trata de cómo marcar la diferencia. No tienes que ser un inventor, un científico, un artista cotizado o una eminencia. Siendo tú mismo es que vas a poder escalar en las ventas.

Otro error en las ideas de negocio es querer comenzar algo porque está de moda, porque ves que a otro le va bien en eso o porque crees que te dará dinero rápido. Ni se te ocurra comenzar con alguna de estas premisas equivocadas. Una idea tradicional puede convertirse en algo extraordinario y hacerte rico. Como siempre digo, yo escribo y enseño una metodología que te ayuda a vender desde tortas hasta apartamentos de lujo. No te sabotees a ti ni a tu idea. No derrotes tu emprendimiento antes de comenzar. Si son trajes de baño lo que sabes hacer y hay millones de personas en el mundo que hacen lo mismo, por favor confía en tu idea y enfócate en ser auténtico y en conectar.

Las ventas son resultados de la conexión. Los productos se posicionan en el mercado cuando logran ubicarse en la mente y el corazón del consumidor. El principal enemigo de tu negocio no está afuera, está adentro, en tus propios pensamientos. Es increíble la cantidad de personas que se niegan a ver lo bueno y todo lo ven imposible. Actualmente hay una tendencia gigante al autosaboteo, parece que cada quien inventa una excusa para no creer en sí mismos y en su idea. Hay ideas tan sencillas como peculiares que han generado miles y millones de dólares. Desde negocios de panadería, franelas, clases *online* hasta gafas para perros, masajeadores para cabezas y perfumes para inodoros. Son infinitas las posibilidades, créeme que lo principal es confiar en tu idea.

Ahora bien, sabiendo todo esto, responde honestamente:

¿Cuál es la actividad que te genera más alegría?

¿Qué te gusta hacer?

¿Qué te causa emoción?

¿Si pudieras hacer algo por el resto de tu vida, qué sería?

¿Qué sabes hacer muy bien?

¿En qué te destacas?

¿En qué tienes experiencia?

¿Qué harías aun si no te pagaran por ello?

¿Qué es lo que siempre soñaste con hacer?

¿Qué querías ser antes de comenzar en el trabajo que no te gusta?

Al responder estas preguntas por favor no te juzgues. Ya vas a ver que puedes emprender con algo que te guste hacer, así parezca que no tiene sentido. La gente no sabe el poder y la importancia de emprender algo que realmente les apasione y les cause ilusión. El solo hecho de iniciar un negocio con el que conectes puede ser la principal razón no para abandonarlo en los momentos complejo. Lógicamente no vamos a salir de un trabajo que no te gusta a un negocio que tampoco te guste. ¡La idea es hacer dinero haciendo algo que ames! El por qué y para qué es el ingrediente principal en cada proceso. Tu idea de negocio también debe tener su por qué y para qué. Escoge una idea de negocio porque: te inspira, emociona, conectas; porque mueve tu energía, te encanta y apasiona, te reta; lo sabes hacer, lo conoces, lo puedes enseñar, puedes aportar valor, eres hábil en eso, destacas haciéndolo, cualquier otra razón. Para mejorar la vida de las personas, defender una causa, brindar bienestar, mejorar el mundo, contribuir al aprendizaje, motivar, facilitar, enseñar, inspirar, proveer, solucionar, sanar, otro motivo.

TUS RAZONES PERSONALES SON EL MOTOR PARA LIDERAR TU MENTE, LAS RAZONES DE TU IDEA DE NEGOCIO MOTORIZAN TU PLAN DE ACCIÓN.

Soy creyente de que Dios nos ha dado dones para nuestra felicidad y aporte a la humanidad. Esos dones muchas veces, aunque no lo recordemos, se manifiestan desde que somos niños. Simplemente las escuelas no nos preparan para vivir haciendo algo que amemos, porque nos entrenan para ser empleados, trabajadores de los sueños de alguien más. Nos implantaron el chip de *curriculum vitae* en lugar de enseñarnos a crear desde pequeños un plan de negocio. **Necesitas determinar qué cosa, actividad, servicio, nicho o producto te mueve por dentro. Sin juzgarlo, sin miedo al qué dirán. La pasión que recorrerá las venas de tu negocio debe estar conectada a tu corazón. Ese amor y ese talento que tienes es la fuerza que bombea la energía a toda tu marca.**

La realidad es que... Una persona que quiera dedicarse a los negocios necesita entender que no tendrá un horario de 8:00 a. m. a 5:00 p. m. Muchas veces te acostarás muy tarde y te levantarás muy temprano, tendrás que dar una milla extra y si no conectas con tu negocio, todo este recorrido será simplemente una pesadilla para ti.

La energía que me caracteriza no es porque yo sea un superhumano, no. Soy una persona como tú, que comenzó desde cero, pero con la pasión viva de hacer algo que me llena por completo. Por eso cada día me levanto motivado, aunque en muchos días me sienta cansado. Sigo adelante, porque no hay otra cosa en el mundo que me gustaría hacer más, que lo que estoy haciendo ahorita. He tenido casos de personas profesionales que toda la vida se dedicaron a una carrera con la que no conectaban, por complacer a su familia o seguir lo que para aquel entonces era «correcto», y en mis mentorías logramos sacarlos de la rueda del ratón y de esa infelicidad gracias a identificar cuáles eran sus verdaderos dones y talentos. Muchas veces los dones maravillosos no tienen nada que ver con lo que has hecho toda tu vida para ganar dinero y levantar a tu familia

Te invito a que te hagas las siguientes preguntas ¿Qué haces con ilusión en los momentos en los que no estás trabajando? ¿Qué cosa, situación, negocio, estilo o habilidad te llama la atención y sientes que podrías hacer?

Saber en qué eres bueno te dará las luces para que identifiques cuál es el negocio por el que vas a comenzar. Recuerda que estás preparándote para ser la marca y que de ti mismo saldrán varios negocios, pero por ahora debes comenzar con uno solo. Cuando apliques la metodología paso a paso, y logres obtener resultados, repetirás el mismo proceso con los demás negocios.

Una persona que quiere comenzar un negocio de comida, pero no sabe cocinar, tiene que identificar cuál es su verdadera habilidad, para poder hacer alianza con alguien que sepa cocinar y hacer recetas. Puede sentir pasión por la cocina, pero no sabe cocinar, por lo tanto, no puede comenzar solo. Se puede encargar del *marketing* o de las finanzas, pero no va a cocinar. Alguien que sueña con montar una estética, pero en su vida ha hecho un tratamiento de belleza, debe preguntarse ¿es este el negocio que más me conviene ahorita? ¿Puedo comenzar yo mismo o necesito a alguien más? ¿De qué manera puedo aportar valor a esta idea y hacer que arranque? Lo que recomiendo es determinar cuál es su verdadera destreza. Por ejemplo: Conectar con las personas y vender, organizar y planificar, creatividad, finanzas, estrategia, modelar y/o *marketing*. Hay muchas posibilidades en este caso, porque la idea de la estética es factible si se buscan alianzas con una persona profesional en esa área. Busca siempre lo mejor. Rodéate de especialistas y gente talentosa que sepa lo que hace y que no dude de sus habilidades. Al conseguir a la persona ideal para que se encargue de todo lo relacionado a los tratamientos, tú podrás ocuparte de la estrategia del negocio, de las ventas, los números o de la imagen y publicidad.

Dale valor a tus talentos y habilidades

Puede parecer lo mismo, pero hay diferencias entre estos dos conceptos. El talento se refiere a tu habilidad innata o natural. Nace en ti y ocurre sin necesidad de experiencia previa, es como un impulso o instinto de hacer algo en específico muy bien. Hay personas que tienen un talento innato para bailar, expresarse, conversar, organizar, cocinar, vender, cantar o pintar. El talento se puede pulir y desarrollar hasta convertirse en un arte.

Las habilidades se refieren a todo aquello que ha tomado un tiempo de práctica y que gracias al estudio constante se ha desarrollado. Las habilidades son resultados de un esfuerzo mediante la enseñanza. Es adquirido, necesita instrucción y entrenamiento. Una habilidad puede ser manejar programas de diseño gráfico, maquillaje profesional, peluquería, idiomas, experticia en Excel, contabilidad, cocina *gourmet*, logística, programación web, diseño de joyas o de moda, entre otros. Un talento puede ser un punto de partida para desarrollar una habilidad, y la combinación de ambos deben ser los ingredientes principales de tu idea de negocio.

No inventes comenzar en algo en lo que no tienes experiencia o pasión alguna. Comienza con algo que sepas hacer, algo que conozcas muy bien, algo que te emocione y sea viable para ti ¿Qué has aprendido que te sirva para monetizar esa experiencia?

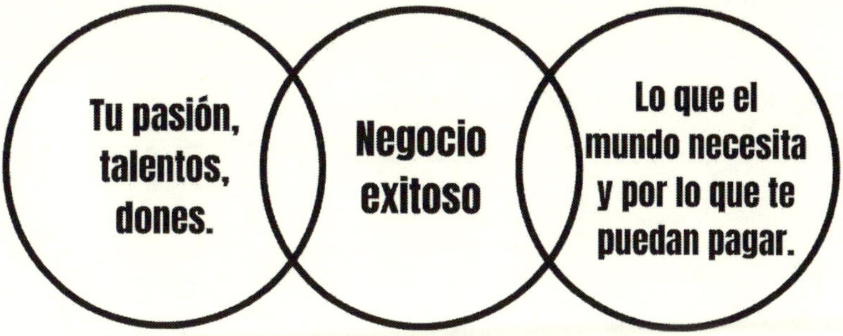

Visualización y enfoque

¿A dónde quieres ir? ¿Qué quieres lograr? ¿Cómo te vas a sentir en esa nueva etapa de tu vida? ¿Qué vas a hacer cuando cumplas tu primera meta?

La visualización te ayudará a mantenerte enfocado. La imaginación logrará que tus emociones se despierten y puedas ver claramente hacia dónde vas. Tienes que vivir mentalmente la experiencia de tu éxito, anticiparte al triunfo y comenzar a vivir como si la meta está cumplida. Esto te dará entusiasmo, esperanza, optimismo y seguridad ¡Crea en tu mente todos los días lo que quieres! Recuerda que todo primero nace en la mente y después lo plasmas en la realidad. Como piensas, atraes, como manifiestas, vives. Todos los días visualiza oportunidades y soluciones. Imagina la alegría que vas a sentir cuando tus planes se lleven a cabo. ¿Ya sabes qué vas a hacer cuando ganes tus primeros $20.000? ¿Cómo te vas a sentir? ¿Qué harás con ese dinero? ¿Puedes imaginar cómo será tu vida cuando tu negocio esté en marcha? ¿Sabes cómo será tu emprendimiento y cuánta gente comprará tus productos y servicios? Visualizar es una herramienta para conectarse con la abundancia, porque la mente es infinita.

La pregunta de oro: ¿Sabes cuánto quieres ganar en los primeros noventa días? Todos queremos un millón de dólares, pero tu respuesta debe ser viable para comenzar.

Yo_________________________________ deseo, manifiesto y me planifico coherentemente para ganar en los próximos tres meses la cantidad de_______________________________

____

____

____________________, para mi bienestar y felicidad.

Mi casa: mi primera visualización

Cuando cumplí dieciséis años, mi madre, Elena, me dio como regalo de cumpleaños un terreno para que cuando creciera pudiera construir mi casa allí. Eso fue una orden mental para mí y enseguida me puse en acción. Yo tenía esa razón interna para trabajar cada día, a la vez que quería expandir el negocio de la radio que había comenzado en el colegio y que seguía creciendo. Esos dos motivos eran mis por qué y para qué de ese momento. A pesar de que no tenía el dinero para hacer la casa completa, nunca me detuve o abandoné la idea de construirla, solo me pregunté ¿qué puedo hacer? Y ¿qué quiero?

Lo primero que hice fue dibujar la casa que quería en una hoja de un cuaderno del liceo. Saqué la idea de mi cabeza y la plasmé en físico. No dibujé una casa cualquiera, dibujé una diferente muy moderna para la época, con un mesón en el medio de la cocina, tres habitaciones, ventanales para que tuviese suficiente entrada de aire y luz, además dibujé un garaje con espacio para dos carros. ¿Yo tenía carro? No. No tenía ni siquiera el dinero para comprar todos los materiales y pagar la mano de obra. En ese momento, todas las ganancias de mi primer programa de radio lo invertí en mi educación, en ayudar en mi casa con los gastos y en comprar equipos para la producción del programa. Sabía que si mejoraba cada vez más la calidad de mis equipos los clientes tendrían más confianza en el programa y en mí para promocionar sus marcas. Entonces inicié de nuevo la búsqueda, en vendedor **modo tiburón**, de nuevos clientes para el programa, que se llamaba *Bajo presión,* en una emisora FM, porque tenía en mente dos metas vitales que las iba a lograr sí o sí: posicionarme en la radio entre los mejores y construir mi casa. Visualizaba todos los días cómo me iba a sentir con tantos clientes en mi programa de radio y cómo sería la cara de sorpresa de mi mamá al ver mi casa construida. No tenía capital, pero tenía un proyecto tan completo que estaba listo para conseguir clientes y socios.

TIENES QUE ARMAR TU PLAN, NO PUEDES LLEGAR A LOS INVERSORES SOLO CON LAS GANAS. SI MUESTRAS UN PLAN INSPIRAS CONFIANZA, RESPETO POR LO QUE HACES, COMPROMISO DE TU PARTE Y PROFESIONALISMO.

No tenía carro, pero sabía que pronto lo iba a tener y desde ya lo estaba visualizando. Ve más allá de tu realidad, da ese salto de fe, el que muchos llaman salto cuántico. Me enfoqué en invertir inteligentemente los pagos que recibía, no me los gastaba en cosas que no tuviesen nada que ver con mi meta. Tenía enfoque. Los tiburones saben a dónde van y ningún pensamiento o gasto sardina los va a mover de su objetivo. Iba del trabajo a la casa y de la casa al trabajo, siendo mi propio jefe, amando lo que hacía y lo que visualizaba.

Cada día al despertar visualizaba mi casa en el dibujo y por supuesto busqué a las personas indicadas, unos obreros vecinos para que me ayudaran a construir mi casa. Con dieciséis años ya estaba reuniendo el dinero que ganaba de la radio y religiosamente todos los viernes, al cobrar, me iba a la casa y al día siguiente bien temprano salía a comprar los materiales. Un proyecto sostenía el otro, la radio y los patrocinantes, que cada vez eran más, me daban para ahorrar para mi casa. Los dos motivos me llenaban por completo, mi por qué y para qué. Me tardé dos años en cumplir la meta, pero cuando tomas conciencia de los «pagos emocionales» que recibes al cumplirlas te das cuenta que te llenan de vida y te propones a ir más allá.

Cuando cumplí los dieciocho años de edad invité a mi madre Elena, el día de mi cumpleaños, para inaugurar la casa que había construido en el terreno que me regaló. Ella con una gran sonrisa en su rostro cortó la cinta tal cual como lo imaginé, y desde entonces me he dedicado a crear recuerdos maravillosos y a visualizar lo que quiero hasta cumplirlo con planificación y estrategia. El programa de radio FM *Bajo presión* también rompió récords en ventas, siendo el que más facturaba de toda la emisora, con más de sesenta patrocinadores a la semana. Tal como lo visualicé.

NO SEAS CONFORMISTA NI PESIMISTA AL VISUALIZAR, CONÉCTATE CON LA ENERGÍA DE LA PROSPERIDAD. AHORA ES TU TURNO DE PLASMAR EN ESTA HOJA TU META, DIBUJA LO QUE QUIERES LOGRAR ¡DIBUJA TU META!

LUIS EDUARDO GUEVARA

@LUISEGUEVARA

LUISEGUEVARA.COM

#MODO TIBURÓN

Cuida tu energía y conéctate con tus emociones

Cuando era niño, todas las mañanas al despertar, encendía la radio y mientras me preparaba para salir al colegio me llenaba de energía con la música, los programas, comentarios e información que ahí daban. Me conectaba muchísimo con la creatividad de los locutores para promocionar las marcas, los imitaba frente al espejo y tomaba notas de las frases que ellos decían que más me gustaban. Sentía como me corría por todo el cuerpo la pasión, que en ese entonces no la identificaba como pasión sino como algo que me divertía un montón. Era mi forma de divertirme y de «activarme» para salir. El comienzo del día siempre fue alegre porque me emocionaba despertar y prender la radio. Era como mi ritual de la mañana, una especie de «desayuno mental», porque por supuesto que me iba con la publicidad en la cabeza, con aquella energía para comunicar de los locutores, que al llegar al colegio ya quería poner en práctica. Esa actitud me hizo diferente entre los demás, me motivaba a soñar y a proponerme objetivos para hacer crecer mi programa de radio. Hoy mantengo este consejo para todos los emprendedores: **Lo que haces en las mañanas ha de llenarte de energía. «Tu desayuno mental» ha de ser nutritivo y divertido para ti.**

¿Qué sintonizas al despertar?

Así como funcionan las radios, es nuestra responsabilidad sintonizar una señal positiva desde que abrimos los ojos y tratar de mantenerla todo el día, todos los días. Las personas, los entornos y situaciones, están enviando señales constantemente, en frecuencias altas y bajas. Si tu pierdes el foco y te dejas contaminar de las frecuencias bajas y lo primero que haces al despertar es lamentarte, dudar de ti, compararte, desesperarte y quejarte, ese es el «desayuno mental» que tu vida aprovechará. Y por lógica ¿qué motivación tendrás para trabajar o emprender? Ninguna.

La radio envía impulsos eléctricos y desde pequeño me fui alimentando de esa energía. Como todo niño, no me gustaba escuchar las emisoras de noticias. En cambio, escuchaba música y programas de actualidad para aquel entonces. Esta estrategia la mantengo hasta el día de hoy y nunca la abandonaré. Es por eso que si me sigues en redes sociales (@luiseguevara) podrás ver que todas las mañanas me levanto dando un mensaje positivo, con el propósito de recordarte que debes llenarte de energía para despegarte de las sábanas y comenzar a aterrizar lo que quieres lograr.

Toma conciencia de los impulsos que recibes en la mañana para arrancar el día. Si son muy pobres, la máquina no andará. Es simple ciencia.

A continuación, te preparé esta lista de impulsos para que te llenes de energía y te conectes con lo que verdaderamente te suma para comenzar el día #ModoTiburón. Todos estos ejemplos los tomé de diferentes personas, amigos, clientes, con los cuales he tenido el privilegio de compartir. Empresarios, padres, modelos, mamás, personas *fitness*, espirituales, y de cada uno de ellos entendí a través de conversaciones o por sus redes sociales, que tienen una rutina específica para llenarse de energía de manera diferente. Espero que aquí encuentres una que te conecte.

Los tiempos de calidad suman valor a tu vida

- Estira todo tu cuerpo, muévete y haz una declaración de poder. Esto te permitirá activar tu flujo sanguíneo, enviando la señal a tu cerebro de que es momento de despertar. Las palabras son señales que le enviamos al universo, úsalas a tu favor. No estoy diciendo que obligatoriamente tengas que correr 15K al despertar ¡pero muévete un poco!

- Alimenta tu fe. Independientemente de la creencia espiritual o religiosa que tengas, apóyate en la conexión divina. Abre la posibilidad todos los días de que eventos milagrosos ocurran. No desde la culpa o la necesidad, no. Sino desde la gratitud y la certeza de que cosas positivas puedan suceder más allá de tu comprensión. Yo me conecto con Dios, con su sabiduría y promesas, confío en el amor de Jesucristo y eso me llena de una paz que no puedo explicar. Independientemente de religiones o culturas, con infinito respeto a cada una, comencemos el día con un acto de fe con lo que es más grande que nosotros.
- Envuelve con diversión tu rutina mañanera ¿Cómo es eso? Hay acciones que tenemos que repetir todos los días, como cepillarnos los dientes, bañarnos, hacer el desayuno, revisar el correo electrónico, etc. No te hagas un infierno de tu propia vida. Ahora hay cientos de recursos que puedes aprovechar para activar tus neuronas: Desde la canción que más te guste, hasta un buen *podcast*, videos, una meditación guiada, un programa de radio, audiolibros, un concierto en YouTube, los consejos de tus mentores favoritos, etc. Elige algo que te conecte y te acompañe a vivir esa primera hora de la mañana de una forma extraordinaria.
- Planifica lo que vas a hacer en el día. El cerebro, si nos descuidamos, se desenfoca muy rápido. Puedes dejar tu agenda lista un día antes o también ordenar lo que vas a hacer al comenzar el día. Ponte una dirección ¿a dónde vas a ir y cómo lo vas a hacer? Mucha gente me dice que no se siente motivada al despertar y yo les pregunto: ¿Con qué plan comienzas el día? Y su respuesta es que no saben qué hacer. Allí está la clave. Qué ganas vas a tener si ni siquiera sabes

qué hacer y te encierras en la «pensadera extrema» que te roba la energía para ejecutar.

Y bueno, básicamente creo que esos impulsos son los necesarios para llenarte de energía cada mañana. Pero también puedes:

- Hacer una llamada (o videollamada) con una persona especial para ti: un hijo, tus padres, tu mejor amiga, tu compadre, tu socio, etc.
- Al que le guste la moda, que se deleite escogiendo lo que va a lucir en el día.
- Quien disfrute el silencio y lo místico, que prenda un incienso y se conecte con eso.
- Pasea a tu perro y compartan ese momento de felicidad.
- A los que tienen hijos pequeños, disfrútenlos y vivan más allá de la perfección.
- El que le guste el ejercicio, que sude.
- Al que se conecta con las plantas, que las riegue.
- Hasta un pequeño acto, como preparar el café de la mañana puede ser una acción que te llena de vida y gratitud.

Regálate momentos de calidad, contigo mismo, con tu familia, con todo lo que ames.

Conéctate con la energía del dinero

Aprende a observar que en todo hay riqueza.

8 consejos para conectar con la energía del dinero:

1. Encuentra la felicidad en dar. A las personas que les cuesta dar algo bueno, bloquean el flujo de abundancia en su vida.

Comienza con un buen gesto, con tus valores, con algún detalle, con muestras de que estás dispuesto a compartir con los demás.

2. Rodéate de gente que piense con abundancia. Que tus relaciones sean nutritivas y que todo lo que escuches sean soluciones para crear prosperidad. Aléjate de la gente que piensa con escasez.
3. Levántate cada día agradeciendo y enfocándote en todo lo que tienes.
4. No le pongas murallas a tu vida. Aprende a recibir, abre tu mente a que, así como eres proveedor, también eres merecedor. Siéntete cómodo y alegre cuando te den algo.
5. Deja de quejarte por el dinero. Mientras más le reclames, más se alejará de ti.
6. Capacítate constantemente. Las personas que manifiestan riqueza saben cómo crearla y administrarla.
7. Enfócate todos los días en crear ideas para mejorar la vida de los demás.
8. Ámate y valórate.

¿QUÉ TENGO QUE DEJAR IR PARA PODER AVANZAR?

Hay hábitos, situaciones y personas que te están frenando actualmente y para que todo lo que has aprendido hasta ahora cobre sentido, debes identificar qué o quiénes te acompañarán en este camino y qué o a quiénes debes dejar ir.

¿Qué oyes a diario?

COMENTARIOS SARDINA	COMENTARIOS TIBURÓN
«La situación está difícil» «Nadie me ayuda» «No tengo ideas» «Ya es demasiado tarde» «No tengo dinero» «No sé hacerlo» «La gente es mala y envidiosa» «Todo es costoso»	«Es un buen momento para emprender» «Soy capaz de cumplir mis metas» «Aprendo todos los días algo nuevo» «Atraemos lo que somos y manifestamos lo que pensamos» «Me ocupo de mi vida y mis metas» «Entreno mi inteligencia financiera» «Me capacito constantemente»

Los comentarios pesados, la energía de la carencia, las personas tóxicas, la gente negativa, los gastos innecesarios, los hábitos autodestructivos, deja ir todo eso para poder avanzar.

¿Qué hay en tu entorno?

ENTORNO SARDINA	ENTORNO TIBURÓN
Quejas	Oportunidades
Conformismo	Negocios
Chismes	Educación
Reclamos	Celebraciones
Escasez	Abundancia
Flojera	Proactividad

Tú estás manifestando otra vida, necesitas estímulos y actitudes positivas. No puede ser que por otros tú no avances o dudes si eres capaz. Recuerda: Reconoce y reacciona. Si tú no cuidas tu energía, nadie se ocupará de hacerlo por ti.

Reflexiona: ¿Qué es lo que no quieres más en tu vida? ¿Qué debes dejar ir?

Todos los que tengan un **ADN tiburón** pueden quedarse. Lo que te robe energía, no lo conserves por mucho tiempo. Para impulsarte como persona y empresario desarrolla tus valores, tus características poderosas para que cualquier cosa que hagas se logre con éxito, todo depende de ti. No seas esclavo de los demás, es hora de ocuparte en ti mismo. Tu energía es tu principal combustible, protégela, así como cuidas de tu casa, de tu salud y tu familia. Puede ser difícil aceptar que hay gente que no te quiere ver triunfar, que hay personas que no conocen o no entienden tu potencial, y no estamos en tiempos para quedarnos estancados esperando a alguien. También hay que reconocer que muchas veces no se trata de otros, sino de hábitos propios los que te condicionan al fracaso. Los gastos desmedidos, la procrastinación, el exceso de ocio, el pesimismo, el perfeccionismo, la baja inteligencia emocional, las compras de cosas que no necesitas, la necesidad más de aparentar que de ser, la dependencia de la opinión de los demás. Deja de autobotearte con tus acciones, pensamientos y relaciones. **¡Cuida tu energía y libera tu potencial!**

Firma un contrato de compromiso contigo mismo:

Yo ____ decido abandonar toda actitud, situación o persona que no esté alineada a mi visión de triunfo y de crecimiento. Con humildad, pero con convicción de que las decisiones que estoy tomando me benefician a mí y a quienes me rodean. Continúo hacia adelante y queda por escrito que hoy ______________________, reconozco que me guía mi fuerza interior, me capacito con estrategia y me bendice el amor de Dios.

Sí, estoy en **modo tiburón.**

LISTOS PARA PASAR A LA ACCIÓN ¡COMIENZA EL PLAN!

CAPÍTULO

4

CAPÍTULO 4
PLAN DE ACCIÓN

¡Transforma tus esperanzas en hechos!

El primer capital de cualquier negocio ganador comienza en la mente de su creador. En este punto ya empiezas a sentirte decidido, motivado, entusiasmado y sumamente enfocado en lo que **sí** va a sumar a tu camino como emprendedor. Aquí ya derrumbamos la *mamazón mental* y nos vamos a poner en acción. Suelta el pasado, enfócate en el ahora y en lo que vas a conquistar a futuro. Estás más ligero y preparado internamente para asumir que esto es lo que quieres hacer, vas a ser una marca total con la que vas a generar tus propios ingresos. Tú mismo escribes tu destino. La energía es lo esencial para que una empresa escale, impacte y supere cualquier obstáculo cuando sea necesario. Estamos en la etapa del «embrión» de tu empresa, y a medida que se vaya desarrollando debes estar preparado para darle el alimento correcto: energía, estrategia e innovación en las áreas correspondientes.

Para activar el poder de tu marca, que puede ser tu nombre o algún nombre que te conecte, comienza con una idea de negocio que incluya un producto o servicio estrella. Con esto lograrás proyectar tus ganancias en la primera etapa y con la conexión de tu marca y la estrategia de venta lograrás que escale. No te preocupes por ganar millones al principio, aterriza y persevera, nada sucede mágicamente, pero recuerda visualizar tu riqueza todo el tiempo. Necesitas llenarte de emoción al imaginar tus clientes comprando tus productos o servicios, la cuenta del banco aumentando las cifras, la alegría en tu corazón de al fin ver cómo algo que necesitabas ya se está materializando. La energía de tu negocio eres tú. **El que no planifica su éxito termina trabajando en el plan de otro.**

¿Ya pensaste en tu idea de negocio? Ha de conectar contigo y apasionarte por completo… Estás emprendiendo para ganar, no para renunciar en cualquier momento. La idea puede ser increíble, pero si tu fuerza mental no está elevada y esa idea no está conectada contigo, si no te emociona, en cualquier momento se cae el negocio y no te va a importar. Nadie quiere pasar sus días trabajando en algo que no le gusta. Un consejo de oro para que lo vayas visualizando desde ahorita: para que avances exitosamente grábate en la mente que no todo lo vas a hacer tú solo. Recuerda cuidar y proteger tu energía. En este plan de acción vamos a identificar qué puedes hacer tú y a quién o qué necesitas para seguir adelante. El principal error de los emprendedores es querer comenzar haciendo todo ellos mismos, lo que trae como consecuencia un desgaste total. Aquí estamos construyendo un negocio de forma práctica y estratégica para que todos tus esfuerzos sean efectivos y no gastes de más tus recursos. Los líderes son planificados, no importa si es o no una característica de tu personalidad, practica de ahora en adelante esta habilidad porque te permitirá desarrollar confianza y control en tus procesos. La capacitación es victoria, sé tú mismo tu motivo principal de preparación. Aspira siempre a ser tu mejor versión, porque nunca sabrás suficiente. Mantente hambriento de conocimiento. Sé un cazador de actualizaciones y mejoras.

Iniciamos reconociendo y reaccionando quién eres, qué quieres, qué mentalidad requieres transformar, en qué tienes experiencia, habilidad, don o talento y qué necesitas para avanzar. Ahora llegó el momento de actuar, estás preparado internamente y ya entendiste que de tu energía, visión y enfoque depende el rumbo de tu negocio.

Factores para crear una idea de negocio ganadora

¡Todo en la vida tiene una receta!

Tienes que hacer algo que te apasione, porque de lo contrario, no tendrás la perseverancia para llevarlo a cabo.

Steve Jobs

1. Pasión ¿qué me mueve y me interesa?

Tu idea debe enamorarte y motivarte a desarrollarla, a descubrirla y darle una larga vida. La meta es que puedas vivir de ella y te permita probar una estrategia que después puedas repetir con otras ideas. Tiene que causarte ilusión, emoción, gustarte y sentirte atraído por ella.

2. Talento / Don / Habilidad ¿Qué sé hacer?

De todo lo que has vivido y aprendido hasta ahora ¿Qué vas a aportar a tu idea? ¿Cuál es el talento en el que te vas a enfocar? ¿Qué habilidad propia puedes colocar al servicio de tu negocio? ¿Cuál es tu don?

Para que una idea de negocio funcione, apórtale tu criterio, tu historia, recuerda que la marca eres tú. No se trata de imitar lo que a otra persona le funcione. Tu éxito estará determinado por tu esencia. Eso es lo que quiere la gente, algo real, con sentimientos, emociones y personalidad. Atrévete a ser tú mismo y a visualizar una vida donde haces lo que más te gusta. No te presiones a intentar algo que no te ha salido bien o algo que te ha frustrado. Tal vez no has vivido de tu don, tal vez sí. Aquí, en *La marca soy yo,* quiero que transformes te voy a preparar para que transformes tu pasión en un negocio. Acepta sin miedo qué amas hacer, asúmelo y verás cómo triunfarás. Piensa en tu verbo de acción favorito: administrar, capacitar, dirigir, decorar, escribir, guiar, acompañar, jugar, fotografiar, actuar, tejer, coser, negociar, comunicar, analizar…

3. Necesidad **¿qué necesita la gente?**

Para que tu idea pueda vender es indispensable que se cree una necesidad en torno a ella. Es decir, que exista un deseo en el mercado para querer obtener tu producto o servicio. La necesidad no es algo que siempre está a la vista. En muchos casos vas a tener que crearla, desarrollarla y mostrarla a tu público de una manera creativa y atractiva. ¿Por qué tu idea de negocio es importante? ¿Quién necesita incluir esa idea en su vida? ¿De qué manera puede hacerlo? Una fórmula para que desarrolles la necesidad de compra de tu idea es:

- Determina qué tipo de personas estarían interesadas en lo que ofreces.
- Encuentra un problema que puedas resolver.
- Soluciona ese problema con tu idea de negocio.
- Genera un deseo mayor con una experiencia emocional y una propuesta que conecte con sus deseos más profundos (esto lo vas a lograr con la marca. Lo veremos más adelante).

Tu marca ha de atender una necesidad, y luego cada producto o servicio que vendas debe hacerlo también con cada tipo de cliente. La gente está comprando por sentimientos, no por el producto. Si los haces sentir bien, te seguirán. Se trata de ti, de quien representa la marca y mientras más emociones produzcas, mayor interés y fidelidad tendrán contigo. La necesidad que vas a construir va más allá de lo básico. Tienes que crear una necesidad emocional. La gente tiene la necesidad de comer. Pero no van a los restaurantes por hambre, van porque allí se sienten especiales, importantes, atendidos, porque viven una experiencia diferente. Pueden comer en sus casas, sí, pero eligen ir a un restaurante por el ambiente, los recuerdos, la música, las sensaciones, las fotografías, el trato. Entonces la necesidad que está cubriendo el restaurante no es solo la de comer, sino de estatus, de emoción, de exclusividad. Claro, todo va a depender del tipo de restaurante, pero siempre digo que en cualquier tipo de público debe ofrecerse una experiencia única. Desde una terraza con vista a las estrellas y *bossa nova*, hasta una fonda familiar que te haga sentir amado y atendido como en tu casa de la infancia.

Aquí tienes una lista de necesidades emocionales en las que te puedes inspirar o enfocar para la idea de tu marca:

Reconocimiento
Empoderamiento
Autosuficiencia
Autenticidad
Felicidad
Vigor
Independencia
Placer
Libertad
Tranquilidad
Innovación
Relaciones exitosas
Prestigio
Autoestima
Heroísmo
Protagonismo
Pertenencia
Escasez

Expansión profesional
Superación
Protección
Seguridad
Confianza

«La gente necesita sentirse» de una u otra manera y por eso compran. Esta necesidad va a estar más detallada cuando definas exactamente a quién le vas a vender. Por ahora, escoge la idea, para luego pasar a tu público objetivo.

4. Oportunidad **¿Qué está buscando la gente?**

Aquí vamos a poner en práctica el poder de la observación. Te vas a divertir analizando qué es lo que está buscando la gente, qué le conecta, qué compra, a quiénes siguen y escuchan. Todos pasamos un tiempo importante en redes sociales, invierte este tiempo en buscar tendencias que estén relacionadas con lo que a ti te gusta hacer. Ubica una oportunidad en tu sector, sé un cazador de detalles. Por ejemplo, a nivel general las máximas de las ventas actuales son la rapidez y la comodidad. Mientras más tiempo le ahorres a tus clientes y mientras menos esfuerzo tengan que hacer para llegar a tu producto o servicio, más oportunidad tienes de que te prefieran a ti. Mientras más detallada sea la oportunidad, más éxito tendrás. Identifica la oportunidad general, por ejemplo: «Personas que quieren bajar de peso y ponerse en forma» y luego sé más específico, apuntado directamente a una oportunidad, a ese sector que no está tan atendido, por ejemplo: «Entrenamientos, *coaching*, planes alimenticios y motivación para mujeres que quieren recuperar su figura después del parto». Idea de negocio: *Fitness* para mamás. Oportunidad ganadora.

Pregunta a tus seres queridos, amigos, seguidores, personas en general que te puedan dar *feedback*, qué prefieren, preséntale opciones a modo de curiosidad, no les digas que es para tu negocio.

Hazlo natural como una conversación, a modo de encuesta en tus redes, qué opciones le llaman más la atención con respecto a tu idea. Por ejemplo: Tu idea de negocio es vender ropa. Entonces puedes preguntar: ¿Quiénes necesitan más variedad en las tiendas de ropa? Hombres, hombres y mujeres, tallas grandes, niños, adolescentes, tercera edad.

Suma las respuestas de tus encuestas, más tus investigaciones, más tu gusto personal, y enfócate en hallar una oportunidad que no esté atendida, lo más específica posible. Tu idea ganadora puede ser: Una tienda de ropa para hombres y mujeres de tallas grandes, con lo último en tendencia de la moda. Ayudarás a empoderar su autoestima con *looks* que se ajustan a sus tallas ¡Un negocio espectacular! De esta tienda pueden surgir diferentes colecciones como líneas de negocio: Ropa para hacer ejercicio, ropa de playa, pijamas, trajes elegantes, etc.

El mundo está lleno de oportunidades, solo tienes que observar y escuchar cuál es el nicho qué necesita ser atendido. Aquí te muestro otro ejemplo para identifiques la oportunidad: Clases de inglés. Actualmente todos necesitamos aprender un idioma nuevo y manejarlo a la perfección. ¿Cuál puede ser la oportunidad con esta idea? Investiga y pregunta, enfócate en lo nichos:

Estudiante «Prepárate para un futuro sin fronteras».

Profesionales «Impulsa tu carrera con un nuevo idioma».

Tercera edad «Nunca es tarde para aprender un nuevo idioma».

Niños «La mejor edad para aprender inglés».

Supongamos que tu oportunidad es el nicho de los niños. Tus clases de inglés son *online*, porque de esta forma le ahorras a sus padres el gasto en transporte. Ellos pueden escoger la cantidad de clases que deseen y los temas que más afines con los intereses de los niños. Es una alternativa excelente para todos aquellos niños que no reciban estas clases en sus colegios o para reforzar la conversación. Ofreces educación y entretenimiento. Un niño que aprende dos o más idiomas tiene mayores probabilidades de éxito porque puede entender y comunicarse con otras culturas en las áreas de su interés: artes, negocios, optar por becas, viajes, etc. Si te enfocas en comunicar ese valor estarás potenciando un negocio maravilloso, porque la verdadera oportunidad está en el deseo de los padres de que sus hijos sean exitosos y tengan un mejor futuro que ellos.

Las dificultades de otros pueden ser tus mayores oportunidades de negocio. Prepárate para ayudar y serás próspero. Y si aún sientes que no tienes ideas, observa las siguientes opciones que están en tendencia.

LA IDEA ES SOLO EL 10%, EL 90% DEL ÉXITO ES LO QUE HACES CON ELLA.

LUIS EDUARDO GUEVARA
@LUISEGUEVARA

LUISEGUEVARA.COM

#MODO TIBURÓN

110 ideas de negocios

1. Comida vegana
2. Talleres de reparación (muebles, artículos electrónicos, bicicletas, vestimenta, calzados, etc.)
3. Productos ecológicos
4. Ropa deportiva
5. Experiencia de lavado de autos
6. Moda para embarazadas
7. Servicios de renovación y decoración de espacios
8. Mentorías
9. Cursos *online*
10. Gimnasio en casa
11. Ventas al menor *(Retail)*
12. Artículos de *cómics*
13. Libretas y agendas personalizadas
14. *Foodtrucks* creativos
15. Actividades recreativas para niños
16. Apps móviles
17. Alquiler de habitaciones o casas para vacaciones
18. Cursos de idiomas especializados
19. Diseño gráfico
20. Almuerzos saludables a domicilio
21. Experiencias para mascotas
22. Moda de segunda mano
23. Gestión de redes sociales
24. Vestimenta para mascotas
25. Redactores

26. Pestañas y cejas
27. Asistencia virtual
28. Turismo local
29. *Manicure* y *pedicure*
30. *Catering* de comida saludable
31. Turismo gastronómico
32. Espacios de *coworking*
33. Servicios de fotografía
34. Alquiler de espacios para generación de contenidos
35. Terapias familiares
36. Ejercicios / entrenador personal para niños
37. Estaciones de frutas y verduras
38. Spa y clínicas para el cuidado de la piel
39. Actividades recreativas para personas mayores
40. Ropa hecha a mano *ecofriendly*
41. Estudios de yoga y meditación
42. Impresión 3D
43. *Coaching*
44. Churros de sabores
45. Energía solar
46. Comida saludable para mascotas
47. Tiendas de comercio electrónico
48. Postres saludables
49. Bebidas orgánicas
50. Campamentos para niños
51. Roles de canela de sabores
52. Restaurantes familiares

53. *Kits* para sembrar plantas en casa
54. Restaurantes temáticos
55. Cosméticos naturales
56. Tienda de disfraces
57. Clases de meditación
58. Estaciones de juego para niños
59. Apoyo emocional
60. Arte para niños
61. Decoración para eventos especiales
62. Personalización de productos
63. Maquillaje a domicilio
64. Cafés *petfriendly*
65. Terapia de arte para adultos
66. Teatro para fiestas
67. Apoyo académico para estudiantes
68. Comprador personal (*personal shopper*)
69. Comida saludable a domicilio
70. Clases de baile a domicilio
71. Arte personalizado
72. Retiros espirituales
73. Producción de material interactivo para empresas
74. Barberías
75. Clases de pinturas grupales
76. Catas de vinos, cafés y chocolates
77. Clases de coctelería para grupos de amigos
78. Incubadoras de negocios
79. Máquinas expendedoras saludables

80. *Kits* para generar contenido en redes sociales
81. Productos hechos a mano
82. Servicio de peinados: trenzas etc.
83. Postres *fitness*
84. Piezas de crochet vintage
85. Camisetas personalizadas
86. Relojes de pared personalizados
87. Velas aromáticas
88. Ropa para bebé con telas y pinturas orgánicas
89. Peluches peculiares
90. Academias de maquillaje y estilismo
91. Salsas y guisos listos para comer
92. Franquicias
93. Repostería creativa
94. Comida empacada al vacío
95. Hamburguesas y pizzas saludables
96. Quesos artesanales
97. Academias online
98. Planificación de eventos
99. Comidas tradicionales
100. Estaciones de *smoothies* y *bowls*
101. Cine en casa
102. *Wafles* creativos
103. Comida keto
104. Transformación de ropa, moda sostenible.
105. *Kits* de regalos para hombres
106. Libros

107. *Storytelling* y guiones para redes sociales
108. Agencias de *marketing*
109. Paletas / sorbetes de helados
110. Moda para tallas grandes

Escribe tu idea de negocio: (Ejemplo: Clases de inglés)

____

____

____

Escribe la necesidad emocional que vas a cubrir: (Ejemplo: superación y expansión profesional)

____

____

____

Escribe la oportunidad de tu negocio: (Ejemplo: *Freelancers* de *marketing* digital)

____

____

____

A quién le vas a vender

Acércate más que nunca a tus clientes. Tan cerca, que seas tú el que les digas qué necesitan, mucho antes de que ellos sepan que lo necesitan...

Steve Jobs

Muchos negocios fracasan no por el producto, sino por no enfocarse en los clientes correctos. Primer error que hay que evitar, comenzar pensando que le vas a vender a todo el mundo. Como dice el refrán «Quien mucho abarca poco aprieta». Ahora que ya tienes tu idea clara, vamos a poner toda la atención en las personas que van a conectarse con tu marca, con el producto o servicio que vas a ofrecer. No veas a tu cliente como una venta, ellos son tu principal fuente de aprendizaje. Tu cliente ideal no solo será la persona que compre tu producto, sino un futuro embajador, un seguidor, un defensor de tu marca. Todo va a depender de la calidad de relación que construyas con él.

Tu marca ha de inspirar y apasionar tanto a tu cliente, que no le importe dónde se encuentre tu producto, si está en su ciudad o en otro país. Cuando una persona se conecta con una marca, el precio queda en segundo plano. El deseo lo debe impulsar a dar el sí en la compra, sin dudarlo.

La meta es que tu cliente no solo compre tu producto, sino que lo ame y lo defienda.

Para que un producto tenga éxito en la actualidad debe generar conversación, y si mueves las emociones de tus clientes harás que hablen de ti. La clave ganadora es definir exactamente quién es tu cliente, cómo piensa, qué sueña, qué desea, qué odia, qué le duele, en qué cree… mientras más información tengas, más campo tendrás para conectar con él. **Venta es conexión. Un producto que no emociona no vende.**

Saber quién es tu cliente ideal te ayudará a crear un producto preciso que conquiste su mente. En ningún momento debes improvisar o andar con los ojos cerrados, apuntando sin un objetivo claro. Todo, absolutamente todo, va a depender de quién será tu consumidor ideal. **Existe un cliente perfecto para ti, solo hay que crearlo. Para atraer algo, identifica qué es exactamente lo que quieres atraer, si no, nada llegará o cualquier cosa vendrá.**

Cuando conoces a alguien lo suficiente puedes saber qué le emociona y qué le desagrada. Con tu marca vamos a determinar cuáles son esos aspectos de tu cliente ideal que debes conocer para crear un mundo que lo conquiste por completo. Aprender a generar un deseo irresistible en su mente, en donde te prefiera a ti así existan mil productos o servicios parecidos a los tuyos. No tengas miedo de construirlo, cuando hablo de «ideal» es porque vas a construir el cliente perfecto. Visualízalo con confianza. Tu cliente ideal sí existe, no le pongas barreras. Muchas personas no escalan en sus negocios porque se enfocan en el cliente incorrecto, están detrás de personas que no tienen para pagar sus productos o servicios, no identifican realmente el nicho interesado, no crean la necesidad y el deseo y se cae todo. No te preocupes por el precio, no te frenes por si ellos tienen el dinero o no, si tienes mucha competencia o por si no eres conocido. La atención de tus clientes la vas a obtener con conexión y emoción. En esta primera etapa de planificación vamos a despejar el camino, no vamos a venderle al mundo entero. Enfócate en tu público objetivo, sin miedo.

Crear el perfil de tu cliente ideal te permitirá:

1. Enfocar tus esfuerzos y crear una relación duradera.
2. Optimizar, adaptar y mejorar tus productos y servicios.
3. Crear una comunicación acertada con mensajes adecuados a su perfil de creencias, deseos y necesidades.
4. Saber dónde está, cómo compra y cada cuánto lo hace.
5. Invertir mejor tu presupuesto.
6. Mayores oportunidades de venta.
7. Dar un sentido a las relaciones estratégicas de tu marca para tus productos y servicios.
8. Facilitar tu trabajo y de tu equipo.
9. Crear una estrategia de conexión emocional.
10. Administrar mejor los recursos y evitar gastos innecesarios.

Entonces, viendo todos estos beneficios ¿vas a dudar en armar el perfil de tu cliente? **¡Modo tiburón!** Aterriza a quién le vas a vender.

¿Cómo es tu cliente ideal?

Dónde vive:

Género:

Edad:

Estado civil:

Cuánto gana mensualmente:

¿Qué necesita?

¿Qué desea?

¿Qué ama?

¿Qué odia?

¿Cómo compra?

¿Cómo vive?

¿A qué se dedica?

¿Cuáles son sus *hobbies*?

¿A quién admira?

¿Cuáles son sus problemas?

¿A quién se parece?

¿Cómo es su personalidad?

¿Cuáles son sus valores?

¿Qué defiende?

¿En qué cree?

¿Cuál es la relación que tiene con tu producto?

¿Cuáles son sus habilidades?

¿Qué le causa risa?

¿Qué lo entretiene?

¿Qué música escucha?

El por qué y para qué de tus clientes

Todos estos datos conducirán tu estrategia. Mientras más detalles tengas de su personalidad y mentalidad podrás atinar con tu producto, servicio y comunicación. Tienes que crear el efecto «Parece que este producto dice mi nombre y apellido». Así como cuando las mujeres se enamoran de los zapatos, que sienten que las llaman, así vamos a crear una estrategia enfocada en tus clientes ideales. Los datos psicológicos te ayudarán a determinar el porqué de tus clientes. Si te anticipas a diseñar una estructura de sus pensamientos sabrás por qué compran, por qué y cómo toman sus decisiones, y allí entras tú en el juego, para ser su mejor opción. Tus clientes comprarán tus productos o servicios porque recibirán una atención específica, sentirán que sus deseos son escuchados y que tienes las soluciones que mejor se adaptan a sus necesidades. Tu plan de acción tiene que estar enfocado en describir esas soluciones que ofreces.

El problema de tu cliente tiene que estar muy claro, para que puedas crear soluciones que conecten y despierten el deseo de compra. Al crear el perfil de tu cliente tendrás el mapa para comprender y ajustar tus esfuerzos para complacerlo. Todo gira en torno al cliente, recuérdalo. Quien no ayuda no vende. Tener este perfil desde el principio te permitirá crear buenas ofertas, regalos, eventos, *branding*, mensajes, contenido y todo lo que impulsará su energía hacia ti. Sin embargo, hay que tener claro que cada producto o servicio puede tener su cliente ideal específico. Para comenzar tendrás uno, pero a medida que vayas escalando puedes ir modificando este perfil. Tu cliente ideal no será uno solo ni es estático, como todo en la vida, va cambiando y no es para siempre. Es posible que para comenzar quieras emprender un producto o servicio enfocado en un perfil medio, de ingreso promedio, pero luego quieras sumar un producto o servicio de más prestigio. Entonces tendrás que crear un nuevo perfil de tu cliente ideal.

Un empresario tiburón tiene un por qué y para qué en todo. El por qué y para qué son las dos preguntas que deben acompañarte siempre, en cada meta, en cada acción. ¿Por qué mi cliente comprará mi producto? ¿Por qué tiene esa necesidad? ¿Por qué va a preferirme a mí en lugar de la competencia? ¿Para qué lo necesita? ¿Para qué lo va a utilizar? En tu mente ten claro tú por qué y para qué personal, y en tu planificación tener el por qué y para qué de tu cliente. Esto te permitirá enfocar la energía y la estrategia sin ningún desperdicio.

Tony Robbins es uno de mis mentores de cabecera, su gran trayectoria y sus triunfos me han impulsado a estudiar sus técnicas y consejos. Con respecto a las ventas, Tony habla de *Las 6 necesidades humanas*, lo cual está relacionado perfectamente con el por qué y para qué.

1. Certeza, seguridad: La necesidad de sentirse seguro. Es cuando las personas se anticipan y planifican lo que va a suceder en su vida. Buscan garantías de que algo suceda o no. Es la certeza de evitar algún dolor, sufrimiento, o la seguridad de obtener un resultado o placer. Corresponde a un impulso de querer controlar todo. Según sus palabras, estar en este punto donde se sabe lo que va a pasar, produce un estado de aburrimiento o rutina, lo que conduce al siguiente punto.
2. Variedad: La gente necesita romper con las rutinas, encontrarse con un factor sorpresa. Algo fuera de lo común. Necesitan emoción. Cuando tienes qué escoger te sientes más vivo, con más opciones, más libre. Pero este punto no es suficiente, la gente necesita certeza, variedad y sentirse importantes.
3. Importancia: La necesidad de sentirnos únicos y especiales. Buscamos ser diferentes y que nos respeten y valoren por

ello. Las personas quieren destacar y sentirse importantes. Cada quien se siente especial de distintas maneras, siendo excéntricos o de gustos minimalistas. Por eso, cuando estudias a tu cliente ideal puedes determinar y desarrollar cuál es su forma favorita para sentirse especial y único.

4. Conexión / Amor: Tony Robbins afirma que al sentirnos únicos y especiales, buscamos compartir eso con alguien más. Tenemos la necesidad humana de no estar solos, de tener relaciones especiales, amar y ser amado.
5. Crecimiento: Necesidad de crecer, de desarrollo constante, de evolucionar. Esto involucra todo lo que nos permita aprender algo nuevo y mejorar lo que ya sabemos. Lo que no evoluciona, muere. Por eso muchas veces cuando una persona pasa años haciendo lo mismo, viviendo en la rueda del ratón, siente que su vida se ha acabado. El desarrollo es vital para la felicidad del ser humano.
6. Contribución: Es el deseo de ir más allá de nuestras necesidades, de contribuir y sumar a la vida de otros. El impulso de colaborar en causas o ideales.

Entender cuáles son las necesidades humanas desde esta perspectiva te ayudará a perfeccionar tus motivaciones personales y las de tus clientes ideales. **Para conectar hay que comprender.**

Escribe los problemas de tu cliente y cómo los solucionas:

____

____

____

____

____

____

____

Describe cuáles son las necesidades más importantes de tus clientes:

____

____

____

____

____

Describe cómo vas a llegar a ellos:

____

____

____

____

____

Mi cliente compraría mi producto porque ______________

____

____

____

___________________________________ para _____

____

____

____

Describe la forma en cómo tu cliente usaría tu producto o servicio en su día a día y qué emociones le genera esto:

____

____

____

____

____

____

Ejercicio de visualización: ¿Qué quiero de mis clientes? Ejemplo:

- Que me recomienden.
- Que estén atentos a mi marca.
- Que compren, que pregunten, que interactúen.

Define tu producto o servicio

¿Qué importa si alguien más vende lo que tú quieres vender?
¡Lo que importa es que tú seas extraordinario y tu cliente lo sepa!

En este momento, ya tienes la idea de negocio, ya sabes a quién le vas a vender por qué y para qué, ahora vamos a darle forma a tu principal producto o servicio. Comenzamos:

- ¿Es un producto tangible o intangible?
- Ejemplo: Una cerveza artesanal o una conferencia.
- ¿Es un producto físico o digital?
- Ejemplo: Un libro impreso o un *E-book* en PDF de descarga *online*.

Completa las características de tus productos o servicios:

- ¿Tienen fecha de vencimiento o son infinitos en el tiempo?
- ¿Se pueden almacenar o se hacen al momento?
- ¿Se pueden reproducir en masa o son elaboraciones únicas?
- ¿Son productos importados?
- ¿Qué tipo de materia prima necesitan?
- ¿Se puede vender por internet?
- ¿Qué tipo de infraestructura necesitas para arrancar?

- ¿Qué recursos necesitas para hacer tus productos o crear tus servicios?

Dependiendo de lo que hayas elegido, un producto o un servicio, vamos a enumerar tus actividades claves para los próximos noventa días. Ten en cuenta que nos referimos a acciones concretas, distribuidas en un tiempo específico.

1. Creación de propuesta de valor: Debes tener por escrito cuál es tu producto o servicio. Cuál es el impacto que tendrá en tu cliente ideal, cuáles son los beneficios que aporta y cómo se va a diferenciar con respecto a la competencia.
2. Definir inventario: ¿Qué materiales o recursos necesitas para crear la primera etapa de producción?
3. Producción: ¿Dónde realizarás la producción y qué necesitas para lograrlo?
4. Presupuesto: ¿Cuánto es el capital qué necesitas para comenzar?
5. Construcción de marca.
6. Canales de venta o distribución: ¿Será a través de una tienda física? ¿Es una tienda propia o debes contactar alguna? ¿Utilizarás canales *online*? ¿Cuáles son los que tienes disponibles? ¿Venderás por plataformas gratuitas o pagas?
7. Recursos humanos: ¿A quién necesitas para comenzar?
8. Tecnología: ¿Utilizarás algún tipo de tecnología? ¿Cuál? ¿Cómo la consigues?

Las acciones de tu planificación serán determinadas por las respuestas a estas preguntas:

¿Cuál será tu principal línea de ingresos? ____________________

____

¿Qué precio tendrá tu producto o servicio? ______________

____

¿Qué opciones de pago tendrán tus clientes? ______________

____

¿Quiénes serán tus socios claves? ______________________

____

¿Quiénes serán tus proveedores? ¿Dónde están y cómo llegarás hasta ellos? ____

____

¿Cuánto necesitas vender para recuperar tu inversión y volver a producir? ____

____

¿Dentro de cuánto tiempo proyectas las ganancias? _________

____

¿Qué canales de venta se ajustan mejor a tu cliente ideal? _____

____

¿Con quién debes reunirte para comenzar? ________________

____

¿Qué lugares debes visitar? ____________________________

____

¿Cuáles son las llamadas que debes hacer? ________________

____

Ordena tu plan y prioriza

Paso 1: Anota todas tus respuestas.

Paso 2: Ordena todas las acciones en dos grupos:

Grupo A: Todo lo que dependa únicamente de ti.

Grupo B: Todo lo que necesite apoyo o intervención de alguien más.

Dato importante: Para saber cuánto necesitas vender, lo que se conoce como punto de equilibrio o *Break Even* busca apoyo de un experto en el área. No trates las finanzas a la ligera.

Paso 3: Ponle una fecha a cada acción, aplicando esta técnica de gestión del tiempo.

CAPÍTULO
5

CAPÍTULO 5

EL EMPRENDEDOR Y EL CICLO DE VIDA DE LA EMPRESA

Independientemente del tipo de negocio que elijas, tu equipo debe estar conformado por estos tres pilares fundamentales: *Marketing*, ventas y finanzas. Si tienes debilidad en alguna de estas áreas, fallas. Así como el ser humano vive gracias a una alimentación balanceada, así debe «comer» tu emprendimiento. Esta será la fórmula que mantendrá tu emprendimiento con vida.

Quiero que te grabes esta imagen en tu mente para que entiendas algo:

Cuando nace un bebé ¿Quién come primero? ¿El bebé o los padres? ¿Quién necesita más atención? ¿Quién tiene más probabilidades de morir si no come a tiempo? El bebé en este caso, es la empresa. Es necesario entender que emprender no se trata de comenzar a obtener ganancias y directo a tu bolsillo. No funciona de esa manera. Si quieres emprender con éxito debes ver el proceso de una forma madura. El emprendimiento no es una alternativa rápida para situaciones de crisis económicas. La venta sí, puedes vender algo rápido y generar dinero con eso en un momento específico, pero eso no quiere decir que vas a ser una marca que se posicione en el mercado que escale para vivir de eso.

Tu visión empresarial tiene que estar activa. El éxito no es cuestión de improvisación y mucho menos de desesperación. Todo es un paso a paso, y cada etapa requiere nuevas estrategias, nuevas inversiones, nuevos planes y sobre todo tiempo. Lo bueno de entender esto es que puedes identificar dónde estás, qué debes hacer y cómo hacerlo para llegar a donde quieres. No hay sorpresas, hay mucha más confianza y en cada periodo de tiempo irás creciendo y ganando experiencia. Las ganancias de tu negocio deben ir a tu negocio, para que pueda crecer debes invertir. Si todos los fines de semana te vas a gastar lo que vendiste, no vas a llegar a ningún lado.

El éxito en mi vida es el resultado de la planificación. Cuando me fui de mi país natal, Venezuela, a la ciudad de Miami, fue gracias a mis ahorros. Apliqué el mismo método de invertir en mi propia empresa, lo cual había funcionado desde mi primer programa de radio, el circuito radial, las tiendas de ropa, calzado, perfumería y tiendas de electrónica. Tomaba una parte para mis ahorros personales y otra parte para alimentar y hacer crecer la empresa. Como emprendedores somos padres de una empresa que está naciendo, no podemos quitarle el suministro de vida y esperar que crezca mágicamente.

Todas las decisiones que tomes de ahora en adelante, afectarán a tu empresa. Elige bien.

¿Dónde estás ahora y hasta dónde estás dispuesto a llegar?

Embrión:

La idea está en etapa de germinación, está todavía en la mente, en un sentido abstracto porque no está aún en la realidad física. Todavía no existe el negocio, pero tienes pensamientos con respecto a lo que quieres hacer. Si eres empleado debes tomar acción y prepararte para dar el gran paso. Como los padres primerizos, rodéate de personas que ya sean dueños de negocios, capacítate y recuerda ahorrar tu capital semilla para lo que viene. Si ya eres emprendedor y empresario debes ubicar personas que te puedan ayudar a darle forma a esa idea para aterrizarla y traerla a la realidad. Si buscas el apoyo desde este momento, garantizas un menor número de errores, ya que contarás con el paso a paso comprobado con experiencia para que esa idea cumpla los procesos correctos y no «nazca» solo para «inventar» o improvisar.

Es un tiempo para investigar, ubicar mentores, aliados y asegurarse de que tu idea sea viable. Como un embrión, todavía no se puede tener en «los brazos» pero sí se puede **planificar** su nacimiento y posibilidades de desarrollo. Diseñas el futuro modelo de monetización, plan de negocio y recursos necesarios para «traerlo al mundo».

Nacimiento:

El negocio nace. Ya se ha comprobado el modelo de negocio, si es viable o no. Tienes el plan de negocio aprobado con su respectivo presupuesto y financiamiento. Se procede a comenzar a «alimentar» la empresa que debe construirse. Es un tiempo de dedicación a detalle para que pueda arrancar y ponerse en marcha por sí solo. En esta etapa evita ser autoempleado. No puedes hacer todo tú solo. Los riesgos han de planificarse para que pueda tener escalabilidad. Rodéate de grandes jugadores y especialistas. Para que ese «bebé» pueda crecer con éxito hay que sostenerlo con los mejores cuidados.

Infancia:

La empresa comienza «a dar sus primeros pasos». Pisa firme en la realidad, tiene forma, estructura y lógica en sus procesos. Las operaciones están en marcha. Enfócate en el flujo de caja y mantener el punto de equilibrio. Necesitas fortalecer a tus equipos: ventas, innovación, *marketing* y finanzas. Las crisis comienzan a aparecer. Cuando «el bebé» da sus primeros pasos siempre se caerá, prepárate para eso. Con los primeros tropiezos, la mayoría desiste y abandona. Sigue adelante, es parte del proceso.

Adolescencia:

Tus procesos y tu equipo son más profesionales gracias a la experiencia. Continúa la capacitación para subir de nivel. No te puedes conformar con tener una empresa «bebé», tu meta debe ser **crecer** y mantenerte exitosamente en el tiempo. La innovación es tu mejor aliada. Cuidado con confiarte demasiado. Como en la adolescencia, esta etapa puede ser de derroche y desenfreno. Tendrás que capacitarte en finanzas para que todos los recursos sean bien administrados. Aquí la gran mayoría se confía demasiado y comienzan las pérdidas económicas.

Juventud:

Aprendes de los errores y decides mejorar la calidad de tus decisiones. Puedes invertir en automatización. Debes continuar actualizando a tus equipos. Es la etapa ideal para potenciar tu misión y visión, tu **por qué y para qué** ¿hacia dónde va la empresa? ¿De qué o quién tienes que desprenderte para evolucionar? ¿Cantidad o calidad? Como en la vida misma, en la etapa de la juventud eliges a tus mejores amigos y socios, sé inteligente en esta elección para que puedas crecer y no desviarte de tu meta. De estas decisiones dependerá tu estabilidad en la etapa de la adultez.

Adultez:

Creas alianzas poderosas y tu empresa ya está conformada por sistemas estables. Tu identidad está definida, sabes asumir riesgos, si te enfocas y no pierdes el ritmo, tus ganancias aumentarán.

Madurez:

Los cambios globales siempre sucederán. Ha pasado suficiente tiempo y las tendencias cambian. Si te estancas en los viejos procesos te puedes quedar atrás y decaer. Necesitas entrenarte para asumir nuevos riesgos, refrescar ideas, nutrir a tu equipo, actualizar métodos. La innovación será como la vitamina principal para que puedas

vivir y no morir como una empresa del pasado. En esta etapa entras en la **zona de riesgo,** te regeneras y vives o te quedas estancando y te derrumbas.

Vejez:

Como en la vida misma: el entrenamiento vence la vejez. Debes activar la energía «cerebral» de tu empresa con nuevas metodologías, *marketing*, finanzas, motivación al extremo, capacitación, limpiar lugares que ya no funcionan para que puedas elevar tu nivel y continuar creciendo en el tiempo. En esta etapa, la gran mayoría se centra en buscar excusas que paralizan sus ganancias: la economía, los cambios globales, gastos, el rendimiento de los trabajadores, etc. No hay motivación y tu equipo puede comenzar a desintegrarse, lo que produce que tengas que contratar personas nuevas y si no estás preparado para innovar y capacitar, estas personas no serán de gran ayuda porque la empresa misma está inestable. La pérdida de capital humano, dinero y tiempo puede llevarte a la ruina. Como en la vejez, **es vital cuidarte.**

Evolución:

Un cambio de creencias puede cambiarlo **todo**. Tienes dos opciones: evolucionar o morir. La gran mayoría de las empresas no comprenden sus ciclos de vida y se dejan llevar por las crisis de la vejez. La verdad es que, si te preparas, puedes **regenerar** tus tejidos de producción interna y resignificar el rumbo de tu empresa. Ampliar tus productos, ganancias y aprender de gente nueva.

CUIDA TU EMPRESA, CUIDA DE TI MISMO, CUIDA TU EQUIPO Y DISFRUTARÁS UNA VIDA PRÓSPERA Y EXITOSA QUE MUY POCOS SE ATREVEN A CONQUISTAR.

A quién necesito para cumplir mis metas

Es momento de tocar puertas, de hacer llamadas, de ubicar a personas y crear alianzas estratégicas. Mantén tu por qué y para qué al ubicar las personas adecuadas para que tu negocio avance verdaderamente. No hagas alianzas por emoción, compromisos familiares, apegos o inseguridades. Si vas a incluir a alguien más en tu planificación, por favor, sé objetivo y sangre fría como un tiburón, rodéate de ganadores. Evita todo perfil que no sume calidad a tu proyecto.

Cuando eres la marca debes proyectar eso con las personas que te rodean. Tu receta debe llevar los mejores ingredientes. Comprométete a hacer un estudio de tus proveedores, aliados y socios. Compara y analiza sus actitudes. Muchas personas quieren hacer dinero, pero no todas están preparadas para asumir la responsabilidad del trabajo. Necesitas rodearte de gente que tenga tu misma visión y que sea capaz de entregarse en cuerpo y alma al negocio. Por esa razón, en el momento que vayas a reunirte con tus futuros aliados, debes tener a la mano tu propuesta de valor bien definida y tu plan. La empresa y la marca eres tú, eres el estratega y principal vendedor de tu marca. De ti depende toda la energía, pero eso no significa que lo vas a hacer todo tú solo. **Trabaja inteligentemente y ganarás más.**

Emprender no se trata de un camino de sufrimiento, no se trata de sangre, sudor y lágrimas. El éxito está en la combinación poderosa de estrategia, marca y ventas. Tú tienes que crear tu propio equipo de tiburones. Los líderes y CEO´s de las empresas exitosas son aquellos capaces de transmitir su visión a los empleados y socios, logrando contagiar el ADN del negocio a cada uno de ellos. ¡No queremos autoempleados!

El error que mata todos los emprendimientos en sus primeras fases es el «toderismo». Esas personas que hacen todo ellos mismos y que naturalmente en algún punto se desgastan por hacerlo todo: Buscan la mercancía, hacen el *marketing*, preparan los pedidos, venden, atienden las llamadas, organizan los inventarios, cierran y abren el local, llevan las cuentas, toman las fotos, graban los videos, cocinan, limpian, recogen, hasta que su energía se desploma y dicen que el negocio fracasó.

El fracaso ocurre cuando una persona no aprende a delegar en su negocio. La idea ganadora es que aprendas a ser el líder, no el operario.

Muchas personas hacen todo ellos solos porque todavía no tienen la conciencia de estrategas empresarios. Temen entregar tareas a otras personas porque piensan que nadie lo va a hacer mejor que ellos mismos. Error fatal que no les permite escalar. Aprende a soltar y enfócate en ubicar personas excelentes que te acompañen en este camino. Nadie se hizo rico trabajando solo. Quiero que aprendas a vivir de tu marca, no que te abrumes y seas el esclavo de tu propio sueño. Emprende con estrategia y no te compres un trabajo caro. Ciertamente hay casos donde la única forma de comenzar es haciendo todo uno mismo, pero eso debe ser por un periodo nada más. Después tienes que buscar aliados, contratar, delegar, asociarte, expandir, ordenar y estructurar las funciones. Tu negocio te necesita lleno de vitalidad. Fresco para pensar, dispuesto a comunicarte y a venderte como marca. Con un horario que te permita desplazarte a hacer contactos y llamadas, y que además puedas darte espacios para recargarte de energía. No seas el prisionero de tus ideas. No malgastes tu energía abarcando cosas que puedes delegar. Como líder tienes que aprender a confiar en los demás y aplicar estrategia en cada decisión.

¿Lo que vas a hacer malgasta tu energía?

¿Alguien más lo puede hacer mejor que tú?

¿A quién necesitas integrar?

Proximidad es poder, rodéate de grandes jugadores

Cómo escoger a un equipo de tiburones

¿Cómo son las personas que quieres que te acompañen en este camino de éxito y cuáles son sus habilidades? Los vínculos que se van a generar dentro de tu negocio deben enriquecer el proceso. De antemano ya sabes que personas que tengas síntomas de *mamazón mental* no van a impulsar con su mentalidad el desarrollo de la empresa. Más que empleados, estamos viviendo un tiempo en donde tenemos que buscar aliados. Que nuestras empresas sean espacios para que las personas que trabajen contigo también puedan crecer. Es una forma próspera de liderar y aumentar las posibilidades de éxito del negocio y de sus participantes.

Sé selectivo y verás cómo prosperas

La verdad es que no todas las personas están preparadas para triunfar. En muchos casos es lamentable, en otros casos es beneficioso. El mundo con su aceleración tecnológica, en donde cada vez estamos más cerca y conectados sin importar fronteras, posición económica o creencias, nos pone en bandeja de plata miles de oportunidades de crecimiento y desarrollo económico. Pero hay un mal que no podemos controlar y es el del conformismo. Un equipo de tiburones no puede ser conformista. Siempre tiene que estar preparado para ir por más.

La calidad de las expectativas del grupo que te rodea, determinará el éxito de tu año.

Rodéate de personas que: estén dispuestas a trabajar y crecer, no les tengan miedo a los retos, se capaciten constantemente, quieran mejorar su calidad de vida, disfruten y amen lo que hacen, tengan valores y sean confiables, tengan sed de mejorarse a sí mismos y aprender cosas nuevas, quieran dejar su huella en el mundo, sean capaces de tomar decisiones, sean positivas y optimistas, sepan crear soluciones y no problemas, y que crean en sí mismas.

Si cuentan con estas características principales, juntos pueden capacitarse para mejorar sus habilidades y talentos. La capacitación debe comenzar en el líder y expandirse en cada integrante del equipo. Todos deben aprender algo nuevo, siempre. Esto permitirá mantener activa la energía del desarrollo para no estancarse o desmotivarse. El valor de tu equipo va más allá de la técnica, porque la habilidad se aprende con la práctica, pero cuando una persona es tóxica, eso no se puede cambiar de la noche a la mañana. Rodéate de personas que admires por varios motivos, que tengan una fuerza parecida a la tuya o complementen tu energía.

Como marca, debes salir de la caja de la timidez y comenzar a trabajar en tus habilidades sociales. El mundo está construido por relaciones y para aprovechar las oportunidades debes estar listo para tomarlas, en el lugar correcto, con las personas correctas. Nada vas a ganar si lees este libro, emprendes y sigues rodeado de gente que no le interesa superarse y que no hablan otra cosa más que chismes, quejas y temas pobres. Muévete en lugares en donde puedas conectar con gente influyente y con tus mismos deseos de triunfar. Invierte en conferencias, eventos, salidas, encuentros deportivos, talleres, etc. Cualquiera sea tu posición económica puedes establecer relaciones y encuentros con personas que tengan metas, desde grandes eventos a grupos *online* en redes sociales, cafés o *coworking*. Tú eres la marca, si esos espacios no existen ¡Es tu oportunidad de crearlos! No gastes más tiempo, dinero y energía en situaciones que no tengan nada que ver con lo que quieres para tu vida. Si de verdad quieres emprender con éxito es necesario entender que vas a cambiar tus hábitos cotidianos, y que ahora en adelante el simple hecho de descansar será más importante que salir a aparentar.

La proximidad es poder. Recuerda que, al tener contacto con otras personas, hablarán de ti, de tus servicios y de tu energía. A su vez puedes conocer a más personas a través de ellas, y aumentar tu círculo de contactos. Crecemos en las relaciones, en la interacción con los demás. Date la oportunidad de ir más allá de lo que siempre has vivido. Hay cientos de miles de personas que quieren conocer a alguien como tú.

¿Qué es lo que buscas? ¿A quiénes necesitas? ¿Cómo son esas personas? ¿Qué quieren lograr juntos?

CAPÍTULO
6

CAPÍTULO 6
CONSTRUYE TU MARCA GANADORA

EVOLUCIONAS CUANDO COMIENZAS A MIRARTE DE UNA MANERA DIFERENTE.
¡CONVIÉRTETE EN UNA MARCA QUE EMOCIONE!

En este capítulo vamos a explorar todas las fuentes de ingreso que pueden nacer de ti mismo, a partir de ser la marca que represente todo lo que hagas. ¡Es hora de despertar! De reconocer que no es suficiente conformarse con hacer una sola cosa, y que no se trata de trabajar más y esclavizarte, sino de aplicar una estrategia y una filosofía de vida en donde tú seas el centro de la riqueza de tu propia vida. Ya no se trata de esperar un pago por tu tiempo, se trata de invertir tu tiempo para ti mismo y crear un negocio que pueda crecer y generar empleos para otros. Si dependes de una sola entrada de dinero, temes constantemente a perderlo, esa será la energía que proyectarás en tu mundo económico. Por eso muchas personas no entienden por qué a pesar de trabajar tanto, se les va el dinero como agua entre las manos. Mentalmente ya lo alejaron por el miedo.

El viejo patrón de dedicarse a una sola cosa durante toda la vida ha cambiado totalmente. En un mundo tan convulsionado, de tantos cambios sin previo aviso, si no te preparas con varias entradas de dinero, cualquier crisis puede tumbar todo lo que construiste en tanto tiempo. Esa fragilidad no te garantiza nada, es una ilusión del sistema, no es vida. Nada es para siempre y necesitas reinventarte constantemente con estrategia para que ningún cambio te tome por sorpresa. Al contrario, que en cada nueva tendencia o crisis puedas crecer y surfear la ola con éxito. Si no tienes más herramientas para «navegar», cualquier marea te puede afectar. Por eso la estrategia *La marca soy yo* te hace la propuesta de diversificarte y fortalecerte como una empresa que pueda crear múltiples negocios, independientemente de su naturaleza.

Desde joven apliqué la reinversión de ganancias y la diversificación de mis ingresos. Tuve circuitos radiales, tiendas de electrónica, tiendas de ropa, calzado, perfumerías y mi agencia de *marketing*. Actualmente en Estados Unidos mantengo esa filosofía, como dice Tony Robbins, de tener al menos siete entradas de dinero efectivas. No importa si una de ellas te genera más ingresos que otra, cada negocio va a su ritmo. Lo importante es la activación y que tengan una estructura escalable en ventas. Esto te servirá para garantizar que, si en algún momento una de ellas falla, no se derrumbarán tus finanzas porque tienes otras entradas con las que puedes contar. Es decir, si tienes varias unidades de negocio activas, y una de ellas te genera \$5.000, otra \$3.500, otra \$1.000 y otra \$500 al mes tendrás más fluidez en tus ingresos, y solo te enfocas en inyectarle estrategia mes a mes para que logres que ese ciclo gire con fuerza y aumente su crecimiento. No es lo mismo que depender solo de la entrada de \$5000 y estar nervioso de fallar porque no tienes algo más.

El éxito de *El tiburón de las ventas*

Una marca que contagia fuerza
Más que un producto, una identidad

La marca soy yo es un concepto que aplico para mí mismo y que me ha permitido impulsar mi vida personal y financiera, así como los cientos de emprendedores que antes estaban estancados económicamente y que gracias a esta filosofía de diversificación actualmente facturan mucho más que el triple de lo que generaban antes. Antes cada uno de mis negocios tenía su marca propia, diferentes logos y nombres. Pero hace tres años decidí crear mi propia marca, porque me di cuenta que la gente conectaba mucho más conmigo mismo. La persona que soy, lo que inspiro, lo que enseño, mi experiencia y mis dones, generan una emoción muy potente en mi público. Desde que nació oficialmente *El tiburón de las ventas* el crecimiento y el reconocimiento ha sido impresionante.

Uno de los recuerdos más recientes que tengo sobre esta receptividad fue en Atlanta, cuando un emprendedor mexicano se acercó a mi muy emocionado, porque se sentía muy identificado con mi historia de vida. Él también emprendió desde niño acompañando a su papá en un puesto de tacos, así fue creciendo a través de lo que aprendió sobre ventas, en contacto directo con la gente. Su *feedback* fue tan positivo y personal, muy diferente a lo que ocurre cuando ves una marca que no está representada por una persona con sentimientos, caídas y triunfos. A esa conferencia asistieron más de 400 personas que llegaron en medio de la nieve al teatro a capacitarse con la estrategia de emprendimiento y ventas *La marca soy yo.* Los comentarios, la emoción, la conexión que se vivió ese día fue resultado de ser yo mismo, de contar mi historia, de mostrarme como un ser humano que tuvo que pasar por momentos difíciles y de victoria, de enseñar lo que soy más allá de mis empresas. En ese momento viví en carne propia que las personas compran personas. Un logo y un solo producto no es suficiente. La gente busca emoción, busca identificarse con alguien para después comprar algo.

En Dallas, el pequeño hijo de una emprendedora se me acercó y me dijo «Yo también soy un Tiburón». Eso llenó tanto mi corazón, ver cómo un niño se sintió identificado conmigo, tan empoderado y capaz como emprendedor en Estados Unidos junto a su mamá, con un negocio de quesos venezolanos. Me comentó orgulloso que él también sabe vender y le gusta hacerlo, que quería ser la marca y que sabía que le iba a ir muy bien si seguía preparándose. Quedé atónito con tanta fuerza, sin duda él también es un **tiburón de las ventas.**

No es una marca personal

Esto no se trata de marca personal, *La marca soy yo* no tiene nada que ver con eso. Cuando eres **la marca,** más allá de un logo, eres capaz de crear múltiples fuentes de ingresos a partir de lo que tú eres como persona, como ser humano. No como un logo encasillado en una sola actividad, profesión o habilidad.

Desde ahora, tú como persona, puedes duplicar y triplicar tus resultados, si comienzas a mirarte a ti mismo de otra manera. Ya no eres un dependiente de alguien más, sino un creador que genera oportunidades para sí mismo y para los demás. Lo importante es que abras tu entendimiento a que puedes crear otras formas de negocio que eres capaz de impulsar con tu propia personalidad, valores y energía. Lo que garantizará tu éxito es tu fuerza, tus talentos y tus habilidades sin encerrarte en una sola cosa y sin volverte esclavo de tu emprendimiento. Convertirte en la marca que impulsa tus negocios, no se refiere a crearte una marca personal, no se trata de eso. *La marca soy yo* es crear a partir de lo que eres, de lo que has vivido, de tu pasión, de tus cualidades, un universo de posibilidades que se expanden por diferentes corrientes de negocios. No importa si esos negocios no tienen que ver directamente con lo que has trabajado toda tu vida, ya que participarás en ellos por tu energía, por la confianza que generas en tus aliados, por tu manera de comunicarte, de pensar estratégicamente y por el impulso que le aportas al producto, equipo o servicio.

Diferencia entre marca personal y *La marca soy yo*

Marca personal	*La marca soy yo*
Depende de tu formación o profesión.	Si no existe una formación previa igual puedes comenzar, porque todo depende de lo que eres como persona, de tu experiencia, de tus dones y talentos y sobre todo de tu pasión. Bien puede ser tu profesión, pero no es una condición que sea solo por eso. En La marca soy yo existe la reinvención y puedes emprender lo que quieras. En La marca soy yo la capacitación es constante. Te rodeas de personas ganadoras y especialistas en aquello que quieres impulsar, creas uno o varios equipos de tiburones. No estás solo.
Tu comunicación está basada solo en tu experiencia profesional	Aparte de tu experiencia profesional también comunicas tu experiencia de vida. Además, complementas con la experiencia de aliados, socios, comunidades, de tus seguidores, de lo que ha vivido la gente y de lo que buscan actualmente. Creas una comunicación universal donde no te limitas a la profesión de la cual viviste por años, sino también incluyes tu historia personal y te enfocas en las emociones que eso genera en tu público.

Refuerza lo que has hecho por años	En *La marca soy yo* puedes hacer algo nuevo. Te impulsa a emprender eso que amas y que tal vez nunca te habías atrevido a hacer. Te ayuda a mejorar eso que realmente te gusta porque va más allá de tu historial laboral. Eres tú el centro, no tu antiguo trabajo.
Se basa en la imagen en tu empleo o emprendimiento	Se trata de dejar depender de una empresa o empleo. Tú eres el centro de diferentes unidades de negocio. Ahora tú eres la empresa como persona, generas tus propios recursos, generas empleos y nuevos negocios. Y recuerda, en *La marca soy yo* puedes tener más de un emprendimiento. Se basa en lo que te gusta hacer, en tus talentos, en tus valores como individuo, en nuevas ideas.
Es cómo te perciben los demás en torno a una profesión	Engloba cómo te perciben, lo que aportas, lo que planificas y sobre todo la entrega en energía 24/7 que le colocas a cada detalle del negocio. No se trata solo de dar una buena impresión, va más allá de eso. Se trata de cómo tu persona empodera con acciones y estrategia tu empresa y los negocios que impulses o acompañes.
Siempre es lo mismo, debes mantener un patrón.	Aquí puedes hacer cambios, mostrarte cómo eres en diferentes facetas. Te puedes adaptar a las tendencias y no dependes de un patrón. Eres libre de ser auténtico y flexible.

La marca soy yo se enfoca en ayudarte a vender más de un servicio. Si entiendes que tú eres el principal producto y que tienes diferentes oportunidades de hacer negocio serás un estratega que puede explorar lo que gusta y monetizarlo. Te permite relacionarte con todo tipo de personas y negocios. El público objetivo forma parte de tus productos o servicios, pero tu energía como persona es universal, puedes conectar con quien sea. Tienes la opción de relacionarte con personas afines a tu profesión o comenzar nuevas alianzas con personas que complementen tus ideas de negocio. Si tienes talento y experiencia en cocina, por ejemplo, puedes conectar con personas que sumen otro talento a tu proyecto, como contadores, *community managers*, diseñadores gráficos, gerentes, reposteros, etc. Puedes hacer *networking* con diferentes tipos de comunidades o líderes, independientemente si están o no conectados a tu profesión. Se trata de unir fuerzas para crear algo nuevo juntos, de combinar talentos diferentes para potenciar una idea y facturar.

Como puedes ver una marca personal es limitada y no te permite salir de la caja de una profesión que tienes que defender para poder conseguir clientes. *La marca soy yo* se adapta a lo que te gusta, que está en tendencia y busca la gente, a lo que siempre has querido hacer, a un nuevo mundo para ti. Es reinvención en acción. *La marca soy yo* se trata de cómo haces para que las personas te conozcan quieran hacer negocios contigo. De cómo impactes una sala al llegar, del valor que aportes según tus talentos a los negocios y a las vidas de los demás, cómo te harás recordar como empresa, más allá de un logo o de un solo producto o servicio. *La marca soy yo* es la evolución de los negocios y de la independencia del ser humano. Es tomar total responsabilidad de tus ingresos. Es la nueva era de la economía personal.

En mi caso, las personas no me buscan solo porque mi logo es bonito o por los servicios de mi agencia en particular. Llegan a mí porque saben quién soy y por la fuerza que tengo para darle vida a los negocios, por mi habilidad para aterrizar ideas. Me quieren como aliado por el valor que puedo aportar a sus proyectos, por mi visión y disciplina. Las llamadas van directo a mi teléfono y no todos los negocios que llegan a mí tienen que ver con la agencia de *marketing*. Eso es lo que tú también puedes lograr, no quiero que te cierres las puertas encasillándote en lo que has hecho durante toda una vida ¡Hay más para ti!

Cuando llegué a Miami hace once años no me quedé en casa a esperar que algo pasara. Tampoco me quedé sentado en frente al escritorio a crear estrategias. Salí a la calle, empecé a conocer gente, iba a eventos, tocaba diferentes puertas, visitaba negocios, entregaba carpetas, daba mi número, vendía de forma directa mis servicios y así fue como el ciclo del éxito comenzó a activarse. Tienes que moverte, la gente necesita ver quién eres.

La marca personal como era vista antes, comprendía un logo, una paleta de colores, dirigido a un solo *target* específico. Se desarrollaba una estrategia en torno a una habilidad, pero solo en ese *target* y en ese nicho, en ese producto o servicio. Si yo me hubiese conformado con dedicarme solo a la radio con una marca personal nada más, hoy en día estaría encasillado solo en ese campo. Sin otras posibilidades de ingresos, dependiendo siempre de la radio. Recuerda que, si te dedicas a una sola cosa y eso falla, pasarás por crisis económicas y no te alcanzará para darte la vida que mereces. Esto también se puede ver claramente en el mundo celebridades. Artistas que solo se enfocaron en hacer telenovelas, teatro, música o películas y cuando los proyectos pararon, se detuvo el éxito ¿Por qué? Porque más allá de su profesión no se dedicaron a ser **la marca** que impulsa varias empresas, se olvidaron de vender y no se activaron con diversificación. Igualmente pasa con cualquier tipo de profesionales. Si se dedicaron toda una vida o gran de parte de ella a vivir de un empleo, cuando este acabó, acabaron también los beneficios y el éxito. Nadie merece vivir así, esto no lo enseñan en las escuelas, por eso tienes que prepararte muy en serio para que salgas de esa rueda del ratón, de trabajar y trabajar para perderlo todo al final de mes o en cualquier momento.

Celebridades como Jennifer Lopez, Oprah, Beyonce y Jay Z, Tommy Mottola, Pitbull, Marc Anthony y Daddy Yankee, expandieron su éxito como ningún otro, creando un imperio a partir de un primer talento que les generó un ingreso que fueron diversificando. Las ganancias que obtenían las reinvirtieron en otros negocios, hicieron alianzas, aprovecharon su imagen para crear confianza y se convirtieron en empresarios. Estas personas no se conformaron solo con ser artistas, fueron más allá de su «profesión» y los buscan por ser una marca que puede impulsar cualquier empresa. Desde accesorios electrónicos, moda, restaurantes, productoras, bebidas, gimnasios, hasta revistas, perfumes, cosméticos y hotelería.

En *La marca soy yo* quien representa tu producto no es un logo, eres tú, es tu cara, tu forma de hablar, de relacionarte ¿Necesitarás un logo? Por supuesto, pero si el logo no va acompañado de tu presencia y energía, no impactará a grandes escalas. *Si emocionas y conectas, vendes.* La gente confiará en tu producto y lo comprará independientemente del precio, si mueves sus sentimientos, si le generas una reacción interior, si creas conexión con sus metas, sus sueños sus ideales. Si eres tú mismo vendes originalidad y seguridad, eso es lo que tienes que transmitir.

Un caso de éxito más específico es Sascha Fitness la marca de la venezolana. Sascha Barboza es una *influencer* que comenzó con una comunidad pequeña y hoy mueve millones de seguidores que son reales, porque compran sus productos y confían en ella. Cuando la gente escucha Sascha Fitness no piensan en un logo, la recuerdan a ella como persona. Confían en sus productos porque ella siempre fue la cara de la marca, y no me refiero a su rostro como tal, me refiero a la voz, a la constancia en la comunicación, a la realidad de sí misma que siempre ha mostrado. Fue ella misma la encargada de darle vida a cada receta, de contar su experiencia como esposa, madre y empresaria y eso conecta con las personas, causa emoción y toneladas de empatía. Confían tanto en lo que representa Sascha Fitness, que poco importa el precio de lo que vende, porque el gusto de pertenecer a eso que ella comunica y representa lo vale todo.

Esta marca es líder en ventas *online* y el secreto de su éxito es que se enfocó en hablar frente a frente sobre su pasión, en conectar con las personas diariamente a través de sus redes sociales. Sascha comenzó en Twitter dando consejos nutricionales, y paso a paso, gracias a la receptividad de la gente, siguió haciendo pública su vida como madre y esposa, mostrándose tal cual en su día a día. Esta fue su forma de conectar hasta crear su marca que es impulsada por ella misma. La construcción de marca emocional tan empática que ha construido Sascha Fitness le ha permitido vender millones en el mundo entero. Sus ventas sin fronteras, apalancadas en un *e-commerce*, la hacen una referencia total de marcas con credibilidad que comenzaron desde cero.

Otro caso de éxito mundial que todos conocemos es la *influencer* Kylie Jenner, que gracias a la imagen que ha construido en redes sociales actualmente puede vender lo que sea con su nombre: ropa, labiales, cremas y hasta una colección de cuidado para bebés. Ciertamente Kylie forma parte del imperio de las Kardashian, pero la marca que ella ha trabajado junto a su madre, se enfoca en mostrarla a ella misma usando todos sus productos, recomendándolos e interactuando con su comunidad.

¿Te atreves a mostrarte en redes sociales desde tu verdad, contando tu historia para conectar y crecer en ventas? No se trata de convertirte en un *influencer* famoso, el objetivo es que entiendas que las ventas y los negocios necesitan de una persona real que los impulse frente a los consumidores.

Cómo una marca poderosa te puede ayudar a escalar tu negocio

Los contactos son importantes en esta estrategia. Si no tienes una marca atractiva, con todos sus elementos y perfiles ¿cómo puedes colocar tu producto en un anaquel? ¿Cómo puedes hacer una alianza con una aplicación que se encargue de distribuir tu producto? ¿Qué tipo de publicidad vas a tener? ¿O cómo pueden enterarse de que tu producto existe? ¿Cómo conectan las personas si no hay nada que mostrar? Para que tu primer negocio sea escalable y puedas abrir campo para diversificarte, debes crear diferentes elementos que le den estructura publicitaria a lo que eres y lo que vendes. Como tú eres la principal marca, comenzaremos con diseñar esos componentes atractivos para que puedas respaldar tus otros productos y servicios. Tal vez pienses «conozco empresas o personas que han vendido mucho sin ninguna marca de respaldo». Sí, tienes razón, pero ¿te imaginas cuánto pueden duplicar sus ventas si incluyen una marca? De hecho, esos negocios se pueden encontrar en la cuerda floja si la competencia fortalece su marca. Las empresas, tiendas, productos o servicios que no están respaldados con una construcción de marca sólida, pierden credibilidad y respeto, y van perdiendo fuerza porque la gente busca ahora por internet, esa es la realidad que estamos viviendo.

Si inspiras confianza harás que las personas puedan buscarte, pero para ello necesitas tener perfiles óptimos y actualizados en tus redes sociales, donde no solo tengas logo o unas fotos, sino algo que aporte más valor. Además, hasta el más mínimo detalle tiene que estar pensado para que puedas conectar. Si vas a hacer un logo, no hagas cualquier logo, haz uno que impacte y conecte. Igualmente, con las fotografías, la música, los textos, los colores, todo tiene un por qué y para qué, necesitas una estrategia para cautivar. No se trata de escribir o decir cualquier cosa en redes sociales o solo mostrar lo que vendes. La gente no quiere que le vendas ¡Quieren conocerte! Habla de tu historia, de cómo ayudas a las personas, responde preguntas, muestra cómo es tu día a día, tus valores, aquello en lo que crees y defiendes, muéstrate auténtico y comprometido con tu comunidad. El propósito de este libro es que, independientemente de lo que hayas logrado o donde estés actualmente, puedas avanzar mucho más a través de la conexión y emoción de tu marca. En ti se encuentra todo el contenido, ahora vamos a ponerle color y forma.

INTERNET ES COMO UN GRAN CENTRO COMERCIAL, LAS TIENDAS SON LAS PÁGINAS WEB Y LOS VENDEDORES LAS REDES SOCIALES. SI YO ESTOY DE VISITA Y VEO TU MARCA, QUIERO IMPRESIONARME Y QUERER ENTRAR A VER MÁS.

LUIS EDUARDO GUEVARA
@LUISEGUEVARA

LUISEGUEVARA.COM

#MODO TIBURÓN

Elementos de una marca ganadora

Nadie confía en algo que no ve. Muestra el poder de tu marca y triunfarás. Cuando una persona quiere emprender y se lo dice a otras personas, muchas veces escucha comentarios como:

«¡Ay, ¡pero eso ya existe!»

«Ya mucha gente vende eso».

«Hay demasiada competencia».

«Es más de lo mismo».

¡Comentarios sardina! Tú sigue adelante, elige creer en tu idea, porque los demás no lo harán por ti. Por eso es tan importante que tengas el ADN de tiburón y que sepas a quién escuchar, porque sin duda una persona que te comenta algo así no tiene ni idea de *marketing* ni sabe todo lo que se puede lograr con una marca poderosa. No importa si quieres emprender con trajes de baño, maquillaje, tortas, cursos de oratoria, venta de celulares, asesorías, clases *online* o artículos para el hogar, de verdad no importa, siempre y cuando te guste eso que quieras emprender. Grábate esto: Tu emprendimiento te tiene que gustar a ti, no tiene por qué complacer una moda o un capricho de alguien más. Emprende algo que ames, no juzgues tu idea como loca o aburrida. Tienes que creer en ti como un tiburón, 100% enfocado en tu meta. La clave está en cómo te vas a diferenciar como marca de los demás. Ciertamente hay muchas personas que venden tortas, pero si te fijas bien, hay unas que son elegidas una y otra vez, que son las favoritas y es porque hacen una poderosa combinación entre calidad y marca.

Por redes sociales me preguntan mucho cómo saber si te diferencias o no y uno de los factores para medir esto es observar si las personas están interactuando contigo, si reaccionan emocionalmente a lo que vendes o publicas. Como estratega de tu marca también debes estar atento a lo que está en tendencia, a innovar con tus productos y contenido. Cuando algo es bueno y único, las personas reaccionan, te buscan, te felicitan, hacen un comentario o simplemente vuelven a comprarte. Tu producto lo puede tener el de la esquina y estar disponible en la ciudad entera, pero si lo presentas de la manera más creativa, más conectada con tu esencia, con emoción y defendiendo un tema que conecte, los clientes llegarán a ti. La creatividad no tiene que ser algo extravagante, la creatividad se trata de ser tú mismo, de tu personalidad y de la personalidad de cada uno de tus productos o servicios.

***Mindset* tiburón:** Sé el primer fan y admirador de tu propia marca y tus productos. Tu energía debe contagiar a los demás, apasiónate profundamente por lo que haces. Si tú mismo no te emocionas con tu marca, no esperes a que los demás sí lo hagan. Tú eres el centro, el motor de todo.

Tú toque personal será el encanto que convierta lo cotidiano en algo extraordinario.

Luis Eduardo Guevara

Hablemos de la matriz de tu marca, tu toque personal. He recibido a muchos emprendedores en mis mentorías con los cuales he descubierto que sus problemas o miedos no tienen que ver 100% con lo típico que es el dinero o la «falta de tiempo o dinero». Cuando hacemos el plan de acción para obtener el capital y organizar los detalles, ellos demuestran una falta de empatía con ellos mismos, dudando de su poder personal para impulsar su marca. El camino del emprendimiento puede parecer que se trata solo de ventas, pero realmente te lleva a conocerte y a descubrir en ti muchas cualidades que antes no tenías a la vista. Ese «toque persona» lo encuentras en tu historia de vida, en lo que te mueve por dentro, en tus recuerdos de la infancia, en algo que te identifica profundamente, en una creencia, en algo que tenga que ver con tu familia, con algo que ames, es una característica tuya peculiar, algo que admires o te cause ilusión.

No es lo que vendas sino cómo lo vendas. Se trata de ofrecer calidad y de llegar a la mente y al corazón de tu cliente ideal.

Elementos de una marca poderosa

Tu marca, aparte de tu ADN interno como persona, requiere de una serie de elementos que serán el sello de identidad para que te recuerden y sepan quién eres y qué vendes. Estos elementos también deben tener un por qué y para qué. La intención es que cautives la percepción de tu público para que te identifiquen, te recuerden y te diferencies de los demás.

Brandbook

Para mantener el orden de tu marca debes tener una guía donde se encuentren todos los detalles que la conforman. El *brandbook* o manual de identidad es ese documento donde estarán todas las características visuales y de comunicación de tu marca. Es tu mapa y te servirá para orientar a tu equipo respecto a lo que representas y quieres mostrar, para tener una lógica y una secuencia en tu presencia digital, en tu página web, redes sociales, empaques, eventos, presentaciones, etc.

Para que una marca pueda ser recordada y logre mantenerse en la mente de los consumidores, debe tener una continuidad en su identidad. Cada detalle ha de tener un significado. Estos elementos te ayudarán a conectar con tu público y a direccionar correctamente tus estrategias. No puedes cambiar todos los días tus colores, el tipo de letra o improvisar con tu imagen, por eso comenzamos con este documento donde se encontrará el ABC de tu marca. Tú como el estratega y dueño de tu negocio puedes ir creando ideas con respecto al *brandbook* y todos sus elementos, sin embargo, puedes buscar apoyo en un equipo de *marketing* o creativos para tener siempre el arte de los especialistas en este proceso y quede superóptimo. Recuerda que, como marca, una de las estrategias es buscar a aliados que sumen y complementen todo lo que necesites.

Imagina que vas a hacer tu primer evento de lanzamiento y quieres generar toda una experiencia para tu público. Si ya tienes el *brandbook* listo, puedes escoger exactamente de qué color serán las invitaciones, los pendones, el tipo de letra que va en todos los diseños, puedes tener franelas o tazas con tu logo y todo lo relacionado a tu imagen estará en armonía. Todo va a combinar con lo que vendes y lo que quieres proyectar. Esta será tu guía en los diseños y la comunicación en lo digital y en lo físico.

O te atreves a ser diferente, o jamás te recordarán. Invierte en tu imagen y triunfarás.

Nombre

Cuándo las personas se refieran a tu marca ¿Qué frase o palabras dirán?

Puedes usar tu nombre o crear una combinación con una característica creativa que hable de ti y tus valores. Lo ideal es que sea fácil de recordar y de escribir. En mi caso Luis Eduardo Guevara «El tiburón de las ventas» es un mix. Piensa en tu nombre, en lo que quieres transmitir y cómo quieres ser recordado.

Escribe aquí tu nombre de marca ______________________________

Por qué y para qué

En esta sección de tu *branbook* debe estar una breve historia de quien eres y qué representas. Por qué haces lo que haces y para qué lo haces. ¿Por qué nació tu marca? ¿Cuál es el sentido que orienta a tu empresa? Habla de tu esencia y tu ADN. Menciona directamente lo que quieres lograr y por qué lo quieres hacer. Puedes resumirlo en un párrafo o dos. No lo hagas tan largo para que sea concreto el mensaje y cualquier persona lo pueda entender. Recuerda que esta será tu guía para que puedas transmitir lo que eres como empresa a las demás personas que se sumen a tu proyecto.

Escribe aquí tú por qué y para qué ________________________

Propuesta de valor

En esta sección vas a responder qué soluciones ofreces a los problemas de tu público objetivo, es tu lema. Cuál es el valor agregado que tu marca dejas en la vida de las personas. Puedes desarrollarlo en un párrafo y luego lo complementas con una frase poderosa. Lo ideal es que exprese el sentido de tu marca y por qué te diferencias. En comparación con el por qué y para qué, esta será una declaración más corta y concisa. Enfócate en los valores positivos de tu empresa. Utiliza una frase clara y que pueda leerse rápidamente. Indica los beneficios de tu empresa y cómo impacta a tu público.

Eslogan

Es una frase más corta y emocional para todo lo que tenga que ver con publicidad. Refuerza tu lema o propuesta de valor y acompaña tu nombre o el nombre de la empresa. Impulsa la acción de compra y debe conectar inmediatamente con los consumidores. Trata de que sea fácil de recordar y contundente.

Escribe tu frase ________________________________

Personalidad

Es el conjunto de rasgos emocionales de tu marca. Se refiere a las características que te hacen ser diferente. Está ligada a tu por qué y para qué y tu propuesta de valor. Son los aspectos que humanizan la marca, incluye la «forma de pensar», lo que opina con respecto a los temas que le importan y lo motivan, las causas que lo emocionan, lo que acepta y defiende. La personalidad dará pie a la comunicación, inspira un comportamiento y la interacción con el mundo. Cuando una marca tiene una personalidad definida es mucho más fácil conectar emocionalmente con su público objetivo. Se logra el efecto esa marca «se parece a mí» y «habla, piensa y actúa como yo lo haría».

Puedes crear la personalidad de tu marca combinando tus rasgos principales.

Comunicación

Se refiere a la relación que vas a construir con tu público objetivo. Para lograrlo vas a establecer conversaciones y por lo tanto debes crear tu propia voz. Crea un lenguaje que sea afín a tus objetivos, a tu público, a lo que quieres lograr. Imagínate que es tu estilo para hablar ¿Cómo sería? ¿Formal o informal? ¿Juvenil? ¿*Spanglish*? ¿Corporativo? ¿Coloquial? La comunicación que vas a definir puede enfocarse en lo interno (dentro de tu empresa) o fuera de ella, tu público. Tiene coherencia con tus valores y el efecto emocional que vas a crear en el mundo de tu marca. Con tono expresivo, lo cual te servirá para escribir los textos y hablar directamente como marca. La idea es que logres crear una voz que motive al diálogo, que generes confianza y empatía.

Para crear una voz que conecte es importante conocer muy bien tu ADN y el de tu audiencia. Investiga cómo se comunican entre sí, de qué hablan y cómo lo hacen y cuáles son sus tópicos de interés. Tu voz ha de unirse a «la conversación» de tu público, recuerda que en la fase de venta la comunicación es lo primordial. Sea en ventas directas, físicas u *online* en medios digitales, la voz estará presente siempre, en la redacción y en la comunicación oral.

Logo

El símbolo que identificará tu marca debe tener tu sello personal y cumplir con estas características: Simple, original y escalable: Que no sea un diseño complicado para que sea fácil de incluir en artes gráficos, impresión pop o textil. Puede ser tu firma, tus iniciales, un ícono o una combinación de ambos. Si no tienes aún una idea de cómo sería tu logo, recuerda rodearte de especialistas, busca un diseñador gráfico que pueda darte su criterio. Busca inspiración en internet sobre logos que han impactado y perdurado en el mercado. Cuando incluyes en tu logo tu toque personal y simple, las personas podrás recordarlo fácilmente. Los logos a su vez se clasifican en cuatro tipos:

1. Logotipo: Se refiere a una palabra, es completamente tipográfico.
2. Isotipos: Es una representación gráfica con un concepto o significado. Es un símbolo que a simple vista puede ser reconocido para identificar tu marca.
3. Imagotipos: Es la combinación de un logotipo y un isotipo. Es decir, puede tener una palabra escrita junto una parte gráfica, combina una tipografía y un símbolo. En su unión se complementan, creando una coherencia, balance y armonía. Normalmente la palabra siempre destacará mucho más que el símbolo, pero siempre se pueden distinguir ambos como elementos individuales.
4. Isologos: Aquí la combinación de texto y gráfica son inseparables. No funcionaría si no están juntos. Si se separan se pierde el significado total.

EL TIBURÓN
DE LAS VENTAS
LUIS EDUARDO GUEVARA

Paleta de colores

Cada color tiene un impacto psicológico y genera una sensación en los consumidores. Elige los colores que identificarán el mensaje que quieres transmitir y recuerda que estos te acompañarán siempre en todo lo que tenga que ver con tu marca. Tu paleta de colores tiene que ser coherente con tu personalidad, con tu propósito, intención, valores y público objetivo.

Percepción de los colores:

- Rojo: Acción, pasión, energía, poder, calor, amor, fuerza, decisión.
- Naranja: Innovación, juventud, alegría, vitalidad, emoción, diversión, aromático, entusiasmo, carisma.
- Amarillo: Alegría, amabilidad, optimismo, creatividad, riqueza, prosperidad, oportunidad, creatividad, energía.
- Verde: Renovación, esperanza, frescura, naturaleza, relajación, orgánico, seguridad, crecimiento, dinero, sanación, equilibrio.
- Azul: Confianza, descanso, inteligencia, profesionalismo, corporativo, estudios, aprendizaje, profundidad, amistad, calma, concentración, protección, constancia, salud.
- Morado: Elegancia, misterio, magia, eternidad, sofisticado, exótico, lujo, reinvención, renacimiento, mente, espiritualidad, realeza, delicadeza, sabiduría, belleza.
- Rosado: Ternura, suavidad, ilusión, encanto, perfección, dulzura, afecto, feminidad, amistad, relaciones, belleza, estilo, romance, vanidad, coqueto, inocencia,
- Marrón: Naturaleza, acogedor, tierra, solidez, estabilidad, alimentos, rústico, simplicidad, masculino, tradición, serenidad.
- Dorado: Prosperidad, dinero, espiritualidad, evolución, lujo, clase, exclusividad, estatus, poder, costoso, felicidad, premio.

- Blanco: Frialdad, paz, elegancia, pureza, perfección, inmaculado, unión, nobleza, franqueza, sofisticado, clase, formalidad.
- Negro: Poder, sofisticado, misterio, fuerza, lujo, autoridad, prestigio, elegancia, sobriedad, reserva, *status*, sensualidad, seriedad, formalidad.

Tipografía

Tu marca necesita tener un *pack* de tipo de letras, no puedes publicar un mensaje un día con uno y al otro día improvisar con otro. El tipo de letra tiene que ser constante como todos tus rasgos. Tiene que leerse con claridad y representar el estilo de tu marca. Si expresas fuerza o suavidad, esto se puede comunicar a través del tipo de letra. Puedes ser un solo tipo de fuente o combinar dos o máximo tres. Aquí todo hay que pensarlo estratégicamente en torno al mensaje y tu propósito. No improvises ni el más mínimo detalle.

Imágenes

En tu *brandbook* incluye referencias del estilo de imágenes que quieres para tu marca. Las fotografías, los colores, los filtros, las personas, las acciones, los fondos, las locaciones, todo debe pensarse antes. Como marca vas a necesitar muchas imágenes y tendrás fotos, de las cuales es crucial tener una idea de cómo quieres que sean. Te servirán de apoyo en tus campañas publicitarias y en tu estrategia. Forman parte del contenido que día a día vas a compartir en tus redes sociales y en tu página web, por lo tanto, no escogerás cualquier imagen de internet o te tomarás cualquier fotografía. Es fundamental que tengan su por qué y para qué, cómo las vas a combinar, qué propósito y enfoque le vas a dar, son tu oportunidad para conectar.

Diseño

Tu imagen requiere tener una preparación estratégica porque vas a seguir una serie de pasos que involucran visibilidad y una vez que tengas todos los elementos anteriores llega el momento de unir todo y crear los diseños de tu marca. Estos diseños tienen una secuencia, no los vas a cambiar cada semana porque no vas a tener un carnaval de contenido. Busca que tu marca sea atractiva visualmente y para eso estableces diseños para tu página web y tus *landing pages*, así como para tus redes sociales, *banners*, empaques, etc. Puedes buscar referencias y mostrarlas a tu diseñador gráfico para que logre crear piezas únicas que representen lo que quieres transmitir.

CAPITULO
7

CAPÍTULO 7

SIN ESTRATEGIA NO EXISTE ENFOQUE

LOS RESULTADOS SE LOGRAN CON ACCIONES QUE RESPALDAN OBJETIVOS CLAROS.

Sin estrategia y metodología estas destinado a fracasar, es como querer arrancar un avión sin Plan de vuelo.

Luis Eduardo Guevara

Ahora que ya tenemos un ADN poderoso, una identidad definida y todos los elementos listos para conectar, es hora de determinar los objetivos puntuales de tu marca y de tu negocio ganador.

La estrategia es poder, ayuda a evitar errores y a caer en las crisis de principiantes. Todos los esfuerzos deben ir orientados con un por qué y para qué y debemos definir a dónde vamos a llegar y cómo lo vamos a lograr. La planificación estratégica es la clave para que en noventa días ya puedas ver frutos, para ello tenemos que ponerle dirección a este GPS de marca que ya comenzó. Vamos a trazar una ruta con tiempos definidos para ir cumpliendo el proceso paso a paso.

GPS estratégico

Acciones enfocadas al triunfo

Paso 1: objetivos

¿Qué quieres lograr?

Quieres vender, ganar dinero, avanzar, pero para eso necesitas definir una serie de objetivos en secuencia lógica. Para que compren tu producto primero tienen que conocerte, deben interactuar y conectar para dar llegar al cierre de ventas. Lo que quieres conseguir no puede ser algo abstracto. Tus objetivos tienen que ser claros y estar relacionados entre sí de una forma lógica, con un por qué y para qué. Sé concreto en lo que quieres y cuándo lo que quieres para poder alcanzarlo.

Vamos a establecer cinco objetivos pilares fundamentales para arrancar con tu negocio y obtener resultados en un plazo de noventa días:

Objetivo 1: **Visibilidad**

Lo que no se muestra no se vende. Para que un negocio comience a vender tiene que llegar a su público objetivo, debe hacerse visible. Tu negocio tiene que ser encontrado y visto por una cantidad específica de personas. Determinar un número te va a permitir escalar.

Ejemplo: Lograr que cien personas conozcan mi marca en los próximos treinta días.

Objetivo 2: **Relación**

Para vender es necesario crear una conexión. Necesitas contactar a tus clientes potenciales y comenzar a generar interacciones. Estas respuestas te guiarán al cierre de ventas y a saber qué personas están interesadas, quienes no y qué opinan sobre tu producto.

Ejemplo: Aumentar de 0 a 100 interacciones en los próximos 30 días.

Objetivo 3: **Ingresos**

Aquí vas a determinar cuál es ese número viable por el cual vas a comenzar a proyectar tus ingresos mensuales. Recuerda, vamos a escalar por periodo, no coloques números que sean imposibles en esta primera fase. Establece tu número.

Ejemplo: Incrementar los ingresos de mi empresa de 0 a $2000 mensuales en los próximos 60 días.

Objetivo 4: **Ventas**

Para lograr tu meta de ingresos necesitas establecer un objetivo de ventas.

Ejemplo: Asegurar la primera fase de sostenibilidad financiera logrando 100 ventas concretas en los próximos 60 días.

Objetivo 5: **Diversificación**

Una vez hayas logrado tu meta de ventas, el motor debe seguir encendido en pro del crecimiento de la empresa.

Ejemplo: Diversificar y aumentar las fuentes de ingresos de 1 a 3 en los próximos 90 días.

Paso 2: Producto

¿Con qué producto o servicio vas a comenzar? Para cumplir tus objetivos necesitas determinar cuál será el producto inicial que impulsará tus ventas. Tu producto al estar listo, ya debe contar con una identidad de marca definida, con chequeo de calidad listo y con su por qué y para qué enfocado en tus clientes potenciales. Cómo emprendedor ya en este punto sabrás por qué vas a comenzar con ese producto y no con otro. Para quién estará enfocado ese producto específicamente y cómo ellos pueden adquirirlo de manera fácil. En este momento ya tienes la construcción de tu cliente ideal y sabes por qué necesita tu producto, cómo compra y por lo tanto te enfocarás en crear las acciones para llegar hasta él.

Ya estableciste un número en tus objetivos, tu meta es obtener tus primeros $2000 en los próximos 60 días. Entonces, saber cuál será el precio de venta de tu producto o servicio te permitirá calcular cuántos clientes necesitas para conseguir ese número. La cantidad de productos o servicios vendidos que necesitas para llegar a tu número meta ha de estar distribuida en una serie de acciones para encontrar a tus futuros compradores. Todo dependerá de tu producto o servicio. ¿Necesitas un cliente por cada producto o un cliente puede comprar uno o varios de tus productos? Recuerda que un solo cliente puede hacer una compra grande o representar una unidad de venta solamente. Enfócate en determinar estratégicamente tu producto para que las ventas aumenten. Por ejemplo, si vas a comenzar a vender carteras, te conviene mucho más si un cliente se lleva dos o más. Para que la venta se logre, cumple con estos requisitos indispensables:

- Presentación atractiva: Empaque, cobertura, diseño.
- Utilidad: Que se pueda ver claramente que es necesario y que resuelve un problema.
- Calidad: Que lo prometes sea coherente con lo que ofreces.
- Valor agregado: Conquista a tu cliente con algo extra.
- Único: Haz sentir especial a tu cliente, por eso es tan importante conocerlo previamente. Que cuando tenga tu producto en sus manos o cuando esté utilizando tu servicio diga ¡Me encanta!

Paso 3: Plan de negocio

Para que tu negocio sea escalable necesita estar organizado de forma que pueda expandirse más allá de tu propia gestión. Es decir, si vas a comenzar vendiendo tortas, la idea es que tu negocio pueda escalar para que esas tortas lleguen a las masas. Tú solo (a) no vas a poder con todo ni vas a poder vivir de diez clientes nada más. Entonces, ya sabes qué quieres, cuándo lo quieres y qué producto te permitirá llegar a tu meta. La estrategia para que puedas conseguir los clientes debe estar apoyada en un plan de negocio que refleje claramente dónde estás ahora, qué haces y a dónde quieres llegar. ¿Por qué? Porque si tu meta es conseguir cien clientes, tienes que moverte, tienes que tocar puertas y no vas a gastar tiempo y energía en repetir una y otra vez qué estás haciendo y qué ofreces nada más por palabra. Tú debes tener en la mano tu negocio aterrizado en un plan de negocio.

Así como el *brandbook* es el mapa de tu marca, el plan de negocio es el mapa de tu negocio.

Ya estás en movimiento, tienes el producto perfecto, sabes lo que quieres y tu mentalidad es de estratega, vas a crecer. Por lo tanto, tu plan de negocio será la brújula que te permita encaminar todas las actividades que vas a realizar para que tus objetivos se cumplan. Si necesitas llegar a más personas, tener visibilidad, posicionarte en el mercado, proyectar ganancias, etc., tu plan de negocio es tu base para conectar lo que quieres con quien quieres. Sea tu equipo, tus clientes, socios, inversionistas, aliados o distribuidores.

Las actividades claves son las acciones necesarias para que logres tus metas ¿Qué tienes que hacer para que tus objetivos se cumplan? Es muy importante que vayas completando la información de tu plan de negocio dependiendo de la dimensión de tu emprendimiento. Un plan de negocio lo puedes hacer tú mismo para comenzar o bien, puedes buscar apoyo de especialistas. Recuerda siempre que no te vas a limitar o detener si no conoces algo a profundidad. Un plan de negocio puede ser muy simple o llegar a ser muy profundo, pero para comenzar no te compliques, completa las respuestas de acuerdo a tus posibilidades. Aquí lo conoces para que sepas qué necesitas y a quién necesitas para lograr tus metas. Un negocio escalable necesita ventas, y debes determinar cuáles serán esos canales que te permitirán estar en contacto con tus clientes.

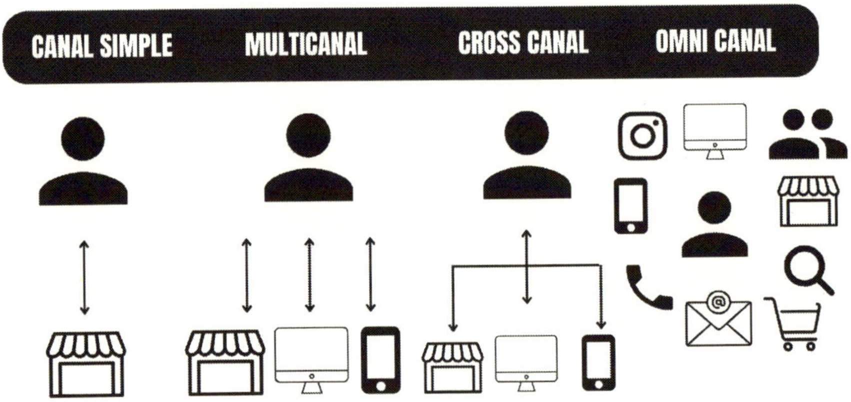

¿Cuáles serán tus canales de venta?

Tiendas de aliados, ventas puerta a puerta, supermercados, establecimientos, *e-commerce*, *marketplace*, redes sociales, Whatsapp business, tienda propia y/o tu casa. Puedes combinar y buscar todas las oportunidades posibles, siempre y cuando cada canal se adapte verdaderamente a tu producto o servicio. Una vez hayas elegido tus canales de venta, vamos a priorizar las actividades para que puedas ir paso a paso y delegar tareas.

Actividades claves:

- Crear un plan de *marketing*.
- Sesión de fotos y videos.
- Crear página web.
- Crear perfiles de redes sociales.
- Crear diseños publicitarios.
- Crear muestras de mi producto.
- Concretar las opciones de envío de mi producto.
- Hacer veinte llamadas por día a clientes y aliados potenciales.

- Visitar al menos tres locales o tiendas potenciales para vender mi producto. Tres en la mañana y tres en la tarde.
- Diseñar primer evento de lanzamiento.
- Buscar patrocinantes.
- Comenzar una campaña publicitaria digital.
- Crear videos emocionales virales.
- Publicar contenido en redes sociales que motive a la conversación.
- Obtener testimonios de personas que prueben mi producto o usen mi servicio.

Plan de *marketing*

La receta del éxito de los negocios ganadores combina: *Marketing*, ventas y finanzas.

Un negocio sin *marketing* es un negocio muerto. El plan de *marketing* es un documento que también guiará la estrategia de tu empresa y que contiene objetivos que estarán enfocados a que, desde esta área, se diseñe, estrategias que apunten a lo que quieres lograr con el negocio. Tus clientes no tocarán tu puerta, tú llegarás hasta ellos con la tendencia del presente y del futuro, la presencia *online*. Te preguntarás si es necesario tener un plan de *marketing* si no tienes intenciones de vender por internet, si este fuese tu caso, también es necesario crearlo. Actualmente todos los negocios deben tener presencia digital, las personas necesitan crear un vínculo de confianza y validar si ese producto, servicio o empresa «existe», qué se habla sobre eso, cómo lucen, qué han hecho, dónde están, y quiénes lo recomiendan o aprueban. El plan de *marketing* es tu mapa para atraer clientes. Es un documento que se debe renovar cada cierto tiempo y en el cual se deben medir los resultados. Tranquilo, no debes ser un experto en este tema en este momento, pero tienes que saberlo para que puedas buscar aliados y crear tu equipo de tiburones de *marketing*.

Tu equipo de tiburones debe estar conformado por personas que quieran dejar una huella positiva en el mundo y que tengan sed de conocimiento. Rodéate de grandes jugadores, de ganadores, de personas con corazón leal y mentalidad de triunfo. Si tú como líder estás claro de lo que quieres lograr, los demás te pueden apoyar y complementar. Por eso es necesario saber qué es todo lo que conforma crear e impulsar un negocio, para que cuando te toque contratar o aliarte con personas sepas qué deben hacer. Los emprendimientos y los equipos fallan cuando el líder no tiene claro lo que quiere, la gente que trabajará para ti no puede adivinar o meterse en tu cabeza. Este libro te ayuda a que desarrolles esa claridad en tu idea, en tu marca y en tu producto o servicio, y encamines tus acciones para que más personas se sumen a tu negocio y juntos puedan crecer.

La atención del mundo está puesta en las pantallas de los celulares

Tu marca tiene que emocionar y dejar una huella en la mente de tu público.

Seguramente eres un consumidor de redes sociales, y muchas veces has pensado «me encanta lo que publican en esta cuenta». Las ventas se logran cuando las personas comienzan a sonreír a menudo con algo que les mejora la vida, cuando se inspiran, cuando sueñan, cuando dan el «me gusta» y escriben un comentario. El contenido será ese puente entre tu producto y tu cliente para participar en ese momentico que tenemos como marca en la vida de las personas a través del celular. Ciertamente hay millones de imágenes, videos, historias y publicidad, pero precisamente por esa razón el contenido de tu marca debe conectar de inmediato. Este es un tema que hoy en día se atiende con especialistas en el área, *community managers*, *content managers*, creadores de contenido, etc. Pero nunca te niegues la oportunidad de tú mismo comenzar a crear tu contenido. **Pierde el miedo a la cámara y triunfa en la nueva era. Es tu responsabilidad como el centro de tu marca, comenzar a involucrarte mucho más con los textos, las fotografías, pero sobre todo con los vídeos.**

¿Cómo saber si el contenido es bueno? ¿Cuál es la receta para conectar con la audiencia?

Enfoque: No vas a publicar cualquier contenido ni lo que te provocó solo porque te gustó. El contenido tiene que estar enfocado especialmente a tu público objetivo, a esos clientes ideales que ya construimos. Que sientan que les hablas directamente. Comparte información que tenga que ver con sus gustos, creencias, sueños y necesidades. Tu contenido tiene que generar respuestas a sus preguntas, y la meta es hacerlo de una forma ingeniosa.

Utilidad: ¿Esto que estoy publicando enseña algo? Comparte información que nutra a tus usuarios de alguna manera. No publiques solo contenido de venta directa, el «cómprame» todo el tiempo no funciona. Enfócate en educar, entretener y aportar valor con tu contenido. **Muestra un problema y soluciónalo.**

Rapidez: Las personas tienen demasiadas cosas que hacer y en el mundo digital todos trabajan para obtener unos segundos de atención. Así que trata de que tu contenido sea conciso y directo. La tendencia de los 15 o 30 segundos en redes sociales te ayuda a posicionarte y a mostrar tus beneficios de manera rápida. Todo va a depender de tu estrategia de *marketing*, ya que en canales como YouTube puede aumentar el tiempo de tu contenido, o en el caso de los *podcasts* también.

Calidad: La inversión en contenido de calidad es vital. Una marca que vende necesita proyectar calidad en todo. Una buena calidad de fotografía, bien iluminada o retocada, calidad de video, fondos, audio y calidad en textos, con buena ortografía. Tener un celular con buena calidad de imagen es de gran apoyo para hacer tus videos y fotografías. Si no tienes el mejor teléfono no te preocupes, comienza, siempre comienza, todo va llegando. Igualmente tienes que mantener tus estándares de calidad en las imágenes, videos y textos. Existen muchos bancos de imágenes gratis a los cuales puedes acudir para crear tu contenido, así como aplicaciones para crear contenido en el formato que necesites. Uno de los más reconocidos y fáciles de usar es Canva.

Veracidad: No compartas contenido en base a mentiras o información que no esté verificada. Comparte contenido de manera responsable y gánate la confianza de tu público siempre con la verdad de lo que vendes, cómo lo vendes y lo que comunicas.

***Call to action* o llamado a la acción:** El contenido que conecta debe generar la necesidad de interacción con tu marca, pero recuerda que los usuarios no siempre saben a ciencia cierta lo que tú esperas de ellos, por eso es importante que, en cada publicación, contenido, video, fotografía, página web, historia de Instagram o empaques indiques qué acción quieres de ellos. Por ejemplo:

- Comparte
- Comenta
- Envía un mensaje
- Haz click
- Reservar ahora
- Ábrelo
- Inscríbete
- Comprar ya
- Desliza
- Sigue los pasos
- Descubre más

- Pruébalo ya
- Contáctame ahora
- Aprovecha esta promoción
- Lo quiero
- Agregar
- Apúntate ahora mismo
- Incluir
- Conocer más
- Ver ahora
- Adquiérelo ya
- Obtén un descuento ahora
- Descargar ya

Las redes sociales y tu página web son tus nuevos vendedores aliados, y ahora pasaremos al área poderosa de las ventas. Tú seguirás siendo el motor central de tu negocio, el principal vendedor de tu marca eres tú.

¡Un vendedor prospera donde sea!

A vender se ha dicho #Modotiburón

CAPÍTULO
8

CAPÍTULO 8
DESATA TU ÉXITO EN VENTAS

La venta, más que una parte vital de tu estrategia, debes verla como tu filosofía de vida. No se trata de «abrir la tienda» para vender, cumplir un horario y olvidarse del tema. Tampoco se logra el éxito si confiamos el 100% de nuestras ventas a otras personas, porque en *La marca soy yo* la venta ocurre siempre y ocurre por ti, porque el principal producto eres tú. De manera que vamos a aumentar la fuerza de las ventas como habilidad base en tu vida. Son muchos los beneficios de saber vender, ciertamente el éxito financiero es uno de ellos, pero hay mucho más. Las ventas son puentes, son conexiones que pueden darte ganancias de todo tipo. Cuando abres tu mente y te das cuenta que puedes lograr muchas cosas capacitándote en ventas, te conviertes en un tiburón. Te será de gran ayuda si complementas esta lectura con mi primer libro *El tiburón de las ventas* donde puedes encontrar de manera más detallada el tema de las ventas como una filosofía que te funcionará para todo en la vida. **Cuando aprendes a vender, aprendes a conseguir lo que quieres.**

Vender es un arte, y como emprendedor debes ir relacionándote cada día más con las técnicas y herramientas que te ayudarán a escalar en tu negocio. Lo hacemos a diario, desde pequeños hasta grandes. Se trata de convencer, de ofrecer una idea y obtener una respuesta.

Es una forma inteligente de transformar la opinión de alguien con respecto a algo, ponerlo a pensar, dar otro punto de vista, agradar e invitar. Lo hacemos en la familia, con nuestros hijos, con amigos, en el equipo, con los clientes, con los proveedores, socios, etc. El ADN de las ventas es la negociación con un por qué y para qué.

Muchas personas tienen una visión equivocada de las ventas, como si se tratara de una profesión que surge de la necesidad por no tener oportunidades en otra cosa o una acción que solo ejecutan los comerciantes. Es un gran error pensar así y te explico por qué. El primer factor que bloquea a las personas en las ventas, son las creencias negativas que tienen con este tema. Si en tu camino de preparación estás cargado de juicios o malas experiencias con las ventas, estarás bloqueando la energía para que la nueva información se instale y puedas ver la otra cara de la moneda.

Recuerda que uno de los aprendizajes más importantes de este libro es que hay que aprender a soltar lo que no te beneficia. En este caso, si tienes viejas opiniones con respecto a los vendedores, a vender, a negociar y a relacionarte que te impidan ver toda la prosperidad y las oportunidades que puedes crear con el arte de las ventas, es hora de reprogramarte mentalmente. **Un emprendedor exitoso se relaciona, y las ventas te permiten crear ese vínculo con la otra persona.**

¿Un vendedor nace o se hace? Esta habilidad no se aprende de la noche a la mañana, pero una vez comienzas a verlo como una práctica constante en tu día a día, construyes una poderosa confianza en ti mismo. Aprender a vender te cambia la vida. Cambia positivamente la forma en como hablas, piensas, ejecutas, te organizas, aprovechas el tiempo y te capacitas. Pero tienes que salir de los prejuicios, de las dudas y enseguida tomar acción. Comienza a ganar experiencia desde ya, porque pensando o dudando no logras nada. Es una cuestión de hacer, más que de nacer aprendido.

Eres estratega, eres vendedor, eres el producto, eres un proveedor de soluciones y un ganador. Eres la marca, el motor que impulsa tu empresa. Si entiendes y practicas esto, la abundancia será tu forma de vida.

Como todo, como buen estratega y emprendedor, debes planificarte y seguir un paso a paso. Si vas a ganar, debes organizarte para que suceda. El que improvisa, pierde. Tu éxito y el de tu negocio va a depender de cuanto repitas el proceso, con excelencia y compromiso, para que puedas ir obteniendo tus propios resultados y hacer un seguimiento de lo que vives, de lo que te funciona y lo que no.

3 pilares fundamentales para entender las ventas como una filosofía de vida

1. **Yo** (la marca, la empresa, el vendedor)
2. **Cliente** (necesidad, problema)
3. **Soluciones / Beneficios** (producto, servicios)

1- Yo (la marca, la empresa, el vendedor): En todo tipo de venta existe un emisor que está interesado en obtener un sí por parte del cliente ¿Quién venderá? ¿Tú o alguien más? Efectivamente no estarás solo, pero es necesario que desarrolles esta habilidad, porque cuando eres tú mismo quien defiende y crea los vínculos con los clientes, te ganas la confianza y el respeto de los demás. Cuando una empresa está realmente representada y guiada por su líder, las oportunidades son mucho más grandes que la venta de un producto. En los restaurantes se usa mucho la frase «Atendido por su propio dueño» la cual te conecta de inmediato porque sabes que hay calidad y transparencia. Te sientes halagado cuando el dueño del restaurante sale a verificar qué tal estuvo la comida, cómo te sentiste, te recomienda algo más, conoce tu nombre, te ofrece algo más de cortesía y te invita a visitarlos en una próxima oportunidad. El dueño es el encargado principal de crear vínculos con sus clientes y de transmitir la energía a su equipo para que todo salga bien.

Entonces, el pilar fundamental de toda venta eres tú mismo, por lo tanto, la preparación constante te ayudará a ganar ventajas a la hora de crear conexión con tus futuros clientes. Tienes que conocerte a ti mismo, conocer tus fortalezas y debilidades para que puedas trabajar en ellas y desenvolverte con éxito. Trabajar en ti, es trabajar en tu negocio. Mantén el equilibrio de los tres pilares para que tu proceso de ventas sea fluido y obtengas resultados. No todos los clientes te dirán que sí, pero aprenderás a ganar algo en todas las situaciones.

Ganar es una mentalidad, acostúmbrate a aprovechar el aprendizaje cuando te dicen que no y crecerás.

2- Cliente (necesidad, problema): No existe venta si no hay un problema que resolver. Tu cliente ideal tiene una necesidad, y tu rol es hacerla lo más clara posible para que pueda existir una reacción de su parte de «darse cuenta» que tú tienes la solución. En la estrategia hay que conocer el terreno, a quién nos enfrentamos, cómo piensa esa persona que va a recibir nuestro mensaje, qué le interesa, cómo compra, cómo habla y, sobre todo, qué problema tiene. Mucha gente le tiene miedo a las ventas porque sienten pena, ansiedad, se quedan sin palabras o no se sienten lo suficientemente extrovertidos como para mantener una conversación. No se trata de ser extrovertidos, se trata de conocer a tu cliente y seguir una metodología. Si te preparas con antelación, lo que tu cliente te dirá no será una flecha en tu contra sino una oportunidad para responder con tu mejor solución.

3- Soluciones / Beneficios (producto, servicios): Cuando una persona quiere vender algo, pero aún no conoce el ABC de su producto o servicio, no podrá convencer a alguien más sobre sus beneficios. La venta ocurre no por el precio, sino por la cantidad de soluciones que obtiene el cliente con su compra. Los vendedores que triunfan son aquellos que logran que su cliente ideal visualice su vida disfrutando de la gran mayoría de ventajas que ofrece su producto o servicio. Las ventas son un ejercicio constante de imaginación, emoción y acción. Tienen un ritmo y un método, no ocurren por casualidad.

Los beneficios de tu producto o servicio irán desarrollándose a medida que te involucres más con la mente del consumidor y *marketing*. Crear una necesidad es cuestión de entender qué experiencias desea vivir tu cliente ideal y qué quiere evitar. Por ejemplo, las mujeres no compran trajes de baño porque realmente lo necesitan, lo más probable es que tengan muchos diseños en su armario. Su necesidad es ser únicas, sentirte diferentes, destacar. No quieren repetir los diseños y quieren evitar sentir que usan «siempre el mismo traje de baño» por eso necesitan variedad. Los beneficios deben combinar buen uso, calidad, accesibilidad, emoción, experiencia, facilidad, precio y valor.

Independientemente del tipo de venta que escojas, estos tres pilares te ayudarán a fortalecer cada vez más la comunicación que tienes con tus clientes para enseñarles que tú eres la mejor opción para mejorar sus vidas con tu producto o servicio. Un punto clave es la comunicación, sea «cara a cara», por teléfono o desde una computadora, tú como dueño de tu negocio debes estar preparado para vender, para escuchar, hablar y aportar soluciones a tus clientes, socios y a tu propio equipo de trabajo. Todos los días venderás una idea, grábate eso.

Estrategia de venta tiburón. Monetización *online*

Haz dinero mientras duermes

Se combina lo *online* y lo *offline*. Muchos de tus clientes potenciales no los vas a encontrar en la calle ni tampoco irán directamente a tu puerta para comprar tu producto o servicio. La gran mayoría de las personas están en sus oficinas, en sus casas, de viaje, están en movimiento constante, las personas están ocupadas y tú como dueño de tu empresa tienes que crear una estrategia eficaz para llegar hasta ellos. Tener una tienda física ya no es una prioridad para tener un negocio exitoso. Hay que abrirse nuevos caminos en las ventas y lograr que tu mensaje como marca llegue a cientos y miles de personas.

Si aumentas tu alcance multiplicas tus oportunidades. Internet es tu mejor aliado para emprender, las personas están conectadas a cualquier hora del día y no necesitan caminar un centro comercial o una avenida para comprar lo que necesitan cuando lo necesitan. Tu producto o servicio estará disponible las 24 horas, la meta es hacer dinero mientras duermes. Tu cliente puede estar despierto en la madrugada y ver un anuncio en redes sociales que le interese, desde la comodidad de su cama dará clic y llegará hasta tu página web donde podrá conocer detalladamente lo que ofreces. En ese momento podrá comprar sin necesidad de vendedores a su alrededor, gente, apuros, etc. Por esa razón y muchas más, en tu estrategia de venta es necesario incluir un sitio web que será tu tienda oficial, donde no hay horarios, no hay costosos gastos de alquiler, muebles, pagos de luz y mantenimiento.

Las páginas web son una alternativa extraordinaria para los emprendedores que no tengan grandes capitales para comenzar su negocio. La inversión es mucho menor que la necesaria para abrir una tienda física y los beneficios son mayores. **En Estados Unidos, los ingresos generados por comercio electrónico llegaron a los 431 mil**

millones de dólares en 2020, con una proyección de crecimiento a 563 mil millones de dólares para 2025, según Statista. Entonces, crear tu página web te permitirá:

- Reducir costos y aumentar el alcance de tus ventas.
- Mostrar tus productos o servicios las 24 horas del día.
- Obtener los datos de tus clientes potenciales y crear una relación de interés.
- Facilitar la decisión de compra.
- Monetización, pueden comprar directamente al ingresar su método de pago.
- Ofrecer variedad a tus visitantes a través de catálogos, videos o fotografías.
- Reducir tiempos de espera para ver todos los productos o servicios.
- Crear alianza con colaboradores.
- Mayor seguridad en inventarios. Se evitan los típicos robos que ocurren en las tiendas tradicionales.
- Conseguir mayor reputación y confianza.
- Reducir costos en publicidad.
- Ir más allá de las fronteras, la diferencia horaria y los idiomas.
- Visibilidad en motores de búsqueda como Google.
- Conocer cómo compra tu cliente y qué acciones ejecuta al entrar a tu tienda, lo que te permitirá crear nuevas estrategias para captar su atención.

Actualmente un negocio que no tiene página web ni redes sociales es un negocio que no inspira confianza. Entonces, el regalo más poderoso que puedes darte a ti mismo como marca y a tu empresa es crear tu página web o mejorarla si ya tienes una. La visibilidad es oro, lo que no se muestra, no existe. La gente tiene que conocerte y acceder a tus productos o servicios fácilmente. La creatividad, el estilo de tu marca y el equipo de *marketing* que elijas, te ayudarán a crear un sitio web de impacto. Cada detalle cuenta y todo debe tener un por qué y para qué. Los diseños y la estructura de tu página web tienen un objetivo y una función específica para conseguirlos. Conoce los elementos principales de una página web ganadora.

Elementos necesarios para crear una página ganadora:

Nombre de dominio fácil de escribir y recordar
Logotipo legible y escalable
Datos de contacto
Menús
Imágenes de buena calidad
Videos
Textos persuasivos
Botones de redes sociales
Diseño de navegación fácil e intuitivo
Landing page
Carrito de compra
Pasarela de pago

Tu página web es tu tienda y las redes sociales tus vendedores

Todo está conectado, tus clientes al igual que la vida real, realizan un recorrido para llegar hasta la compra, solo que todo ocurre de manera *online*, a través de un sistema. Las redes sociales cumplen la función de ser una especie de vendedores, «que hablan» diariamente y los cuales interactúan con los usuarios. Generan interés y envían a esos futuros clientes al lugar oficial de compra, donde puedan «pasar la tarjeta», tu sitio web, tienda *online*, *e-commerce*. En términos más técnicos este recorrido se llama *funnel* o embudo de ventas.

Este es el proceso estratégico que sigue una empresa para ponerse en contacto con los usuarios para cumplir un objetivo específico como obtener datos, correos electrónicos, números, cerrar una venta, enviar ofertas, generar una relación, descargar algo, etc. Para poner en marcha esta estrategia de ventas *online* es necesario que tengas activa tu página web y tus redes sociales. Por esa razón, seguimos un paso a paso desde el principio, donde en este punto ya tienes un producto y público objetivo definido, valor y beneficios de tu producto o servicio, identidad visual y estilo de comunicación. Todos estos elementos acompañarán el diseño de tu sitio *online*, perfil de redes sociales y estrategias de ventas *offline*. Esta etapa de la estrategia es más profunda, lo cual puede llevarse otro libro. Sin embargo, es necesario conocerlo para que sepas que las ventas por internet no ocurren por arte de magia. Siguen un proceso, donde los clientes realizan una especie de «paseo» que comienza en una primera etapa, siendo unos desconocidos hasta que descubren tu marca y se convierten en un seguidor.

Crear un embudo de ventas te permite:

- Conocer mejor a tus clientes potenciales.
- Crear campañas de publicidad más específicas.
- Crear contenido personalizado.
- Mejorar la productividad de tu empresa y de tu equipo de ventas.
- Convertir desconocidos en clientes.
- Crear relaciones duraderas marca / cliente.
- Enfocar mejor tus presupuestos de *marketing*.

El recorrido que realiza el usuario comienza en una primera etapa de Atracción / Descubrimiento. En este momento el usuario aún no conoce tu marca y tu objetivo es que tengan ese primer encuentro. Todos los esfuerzos deben ir enfocados en que te conozcan. Esto lo vas a lograr a través del contenido que conecte, tu página web, videos, buenas fotografías, campañas orgánicas y pagas de publicidad, etc. Es como decir «Hola, este es mi nombre, esto es lo que hago, te invito a conocerme, quédate en mi perfil, sígueme y visita mi página mi web». Recuerda que, si no te conocen, no te van a comprar. Así que el primer objetivo de la estrategia es atraer visitas a tu tienda *online* (página web) a través de la interacción con tus vendedores (redes sociales) para darte a conocer.

En este segundo paso, el usuario que antes era un desconocido se ha convertido en un seguidor. Ya sabe tu nombre, lo que vendes, lo que haces ¡y te conoce! Llegó hasta ti gracias a tu contenido genial y ha visto tu página web, sin embargo, no ha comprado nada aún. Tenemos que motivarlo mucho más, captar su atención y establecer una comunicación más directa con él. El objetivo de este paso n.º 2 será llamar a la acción para crear una interacción más comprometida. Vamos a ir más allá de un *like*, queremos sus datos de contacto y lo vamos a lograr ofreciéndole algo más que un *post* o un video. ¿Para qué te servirá esto? Si obtienes el nombre, el correo electrónico o número telefónico de tu futuro cliente podrás ir creando una base de datos para establecer un vínculo más cercano donde puedas enviarle información, contenido personalizado, ofertas especiales, invitaciones, tu catálogo, etc. Para obtener los datos de tu cliente puedes invitarlo a realizar una descarga de algún contenido de valor, sugerirle una suscripción, regalar un micro curso o tutorial, etc.

En el paso n.º 3 tu prospecto ya ha realizado varias acciones que lo acercan a la compra. Es el momento de "convertir" a tu seguidor en un cierre de ventas. Como ya tienes sus datos de contacto puedes facilitar la compra, ya que puedes enviarle ofertas, descuentos, oportunidades irresistibles vía correo electrónico, recordatorios, *links* de interés, testimonios, botones de compra directa, etc. Aquí transformas un seguidor en un consumidor oficial.

No queremos que nos compren una sola vez, queremos que **vuelvan a la tienda siempre,** para lograrlo, continuamos con el paso n.º 4 del *funnel* de ventas, donde vamos a fidelizar tu cliente para convertirlo en un seguidor fiel de tu marca. En esta etapa tu cliente será atendido con el mismo esmero. Mantendrás el contacto con él para saber cómo le ha ido con tu producto o servicio, recibirá una excelente atención personalizada y sugerencias que agreguen valor a su primera compra. Lo harás sentir especial y lo recordarás. El vínculo debe continuar y crearás una relación tan poderosa que volverá a ti para repetir la compra o escoger otro producto o servicio.

De acuerdo a mi experiencia en el mundo de la publicidad por más de veinte años, he confirmado que mientras más **salgas de la caja** mayor éxito tendrás. No te conformes solo con un estilo de ventas, porque como empresario y como la cara de tu negocio, debes estar activo en el día a día, dispuesto a crear vínculos más allá de la pantalla del teléfono. A pesar de vivir en la era digital, no hay que abandonar las técnicas de ventas persona a persona, *face to face*. Si bien las redes sociales son tus nuevos vendedores, no puedes olvidar que el centro y motor principal de tu marca eres tú. En las conversaciones, en los encuentros o en los eventos pueden presentarse oportunidades únicas que tendrás que aprovechar para crecer. Recuerda la filosofía de *El tiburón de las ventas* de mantener el enfoque en tu crecimiento y en el crecimiento de tu empresa, trabajar en la escalabilidad de tu negocio y para lograrlo, la capacitación en ventas es vital.

Es por eso que para despegar el éxito de tus ventas hay que prepararse para asumir el rol de ser el principal vendedor de tu marca. La meta es que tú mismo puedas comunicar lo que vendes, cómo lo vendes, por qué y para qué lo vendes. No solo a tus clientes y socios, sino también para que transmitas ese mensaje a tu equipo. Una vez que tu negocio arranque, convertirás al equipo que te acompaña en una fábrica de tiburones, que tengan tu ADN y el de tu empresa, para que impulsen tu negocio con la misma visión de enfoque, estrategia y poder que tú tienes.

LAS VENTAS SON UN PROCESO. UN PROCESO COMPLETAMENTE PREDECIBLE. SIGUE LOS PASOS Y CERRARÁS NEGOCIOS. OMITE LOS PASOS Y PERDERÁS.

JEFFREY GITOMER

Uno de los mensajes que quiero que se queden grabados en tu mente es que todos los errores nacen de la improvisación. Si planificas tu emprendimiento, tus ventas, tu rutina, tus hábitos y tus diligencias, obtendrás lo que quieres. Los líderes obtienen resultados, no sorpresas.

Este libro no está hecho para que al terminar lo cierres y quede guardado en una gaveta. Apenas tu viaje como marca y emprendedor está comenzando, y te garantizo que en cada paso que des de ahora en adelante podrás consultar este libro para aterrizar tus ideas, tu plan, tu estrategia y tu proceso de ventas. Antes del nacimiento de *La marca soy yo* preparé a mi público lector con el libro *El tiburón de las ventas* en el cual se encuentra mi método LEG de 15 pasos. Este método forma parte de la estrategia ganadora que vas a aplicar para que tu emprendimiento escale en ventas, porque un negocio que no vende simplemente no crece.

Para que tengas la estrategia completa a tu alcance, haremos un repaso de los quince pasos del método LEG, el cual vas a seguir al pie de la letra. No te saltes ningún paso, porque solo así podrás crear tu sistema de ventas donde no exista la improvisación.

15 pasos del método LEG

Paso 1: Sigue el proceso con estrategia

Este método debe ser tu mapa y el de tu equipo de tiburones a la hora de vender. Para que la fábrica de tiburones se ponga en marcha, contigo presente o por sí sola, debe seguir un patrón. Es una ley en los negocios, todos siguen un lineamiento para que los objetivos se cumplan. Cada acción debe tener un por qué y para qué. Es una constante. El por qué y para qué marcarán el rumbo de tu estrategia, y se establecen en una serie de pasos que deben ser consecuentes unos con otros.

En las ventas, cualquiera sea su estilo, se sigue un proceso, de lo contrario se cae en el desorden y tarde o temprano no sabrás lo que está pasando en tu empresa, y si hay desconocimiento y descontrol no hay certeza en los resultados. Hasta para hablar se necesita seguir un proceso, no es una cuestión de que hoy se te ocurre algo y mañana otra cosa y vas así, cambiando las acciones todos los días. Tener esto claro desde el principio te ayudará a activar las alarmas cuando veas que las cosas en tu empresa se están improvisando o no se están llevando con un orden estratégico. Cuando sientas que las cosas están fallando, revisa el proceso de tu estrategia. Cuando las cosas marchen excelente, revisa también el proceso de tu estrategia.

Paso 2: Planifícate

Todo lo que está en tu mente lo puedes hacer realidad si lo plasmas en una planificación. Tus acciones tienen que tener una fecha en el calendario, de lo contrario no entenderás que hay un límite de tiempo para lograrlo. Planificarte como ley de vida te permitirá tener un control de lo que haces diariamente y de las actividades que tu equipo ejecutará. Los emprendedores salen de la zona de confort gracias a la planificación porque cuando sabes lo que tienes que hacer y cuándo hacerlo, será más fácil vencer las excusas y vencer la procrastinación. De ahora en adelante, todo tendrá un espacio en tu agenda por escrito, con recordatorios y calendarios, de lo contrario será muy fácil desenfocarte y ocuparte en las cosas que nada tienen que ver con tus metas.

Hay una preparación para todo. Te preparas con antelación para las victorias sucedan. Así como cuando vas a la playa, cubres cada detalle para vivir una buena experiencia, de esa misma forma ocurre en las ventas. Prepárate y planifícate mental y físicamente para tener éxito en todo. El orden personal conlleva al orden empresarial.

Paso 3: Capacítate

Mientras más aprendas, más crecerás. El perfil de ventas de tu empresa tiene que evolucionar cada día, porque el mundo cambia constantemente. Cómo líder tiburón tienes que capacitarte siempre y transmitir esa filosofía a todo tu equipo. Incluso, antes de ejecutar una estrategia, recomiendo que todo el equipo se capacite para ganar seguridad en lo que van a hacer. Recuerda los pilares más importantes de capacitación para que una empresa sea rentable: *marketing*, ventas y finanzas.

Paso 4: Conoce tu producto

En las ventas el que conoce muy bien su producto tiene todas las probabilidades a su favor para obtener un sí de compra o al menos generar un interés en el prospecto. Quien espera vender y todavía no tiene claro lo que vende está perdiendo su tiempo. Un cliente se conquista con un vendedor que sabe lo que está ofreciendo. El poder de convencimiento se logra cuando la empresa maneja muy bien la información de sus productos o servicios ¿Realmente conoces tu producto? Ve más allá de las características básicas y obvias. Tu producto tiene vida propia y es indispensable para la vida de tu cliente ideal, construye esas razones y vende como un tiburón.

Paso 5: Conoce a tu cliente (*target*)

En toda visita, conversación, estrategia o contenido que esté enfocado en vender debe existir primero un cliente objetivo. El cierre de ventas ocurre cuando le hablaste directamente a esa persona y a sus necesidades específicas. El desarrollo de tu proceso de ventas estará guiado por el perfil de tu cliente ideal. Si conoces a quien le hablas, por qué y para qué crearás conexión con sus verdaderas necesidades e irás al grano de sus anhelos. Si sabes a quién te diriges sabrás cómo hablarle y qué ofrecerle para mejorar su vida. No hay peor cosa que invertir tiempo, recursos y energía en el cliente equivocado.

Paso 6: Logra conexiones

Este paso está conectado estratégicamente con el paso anterior. Cuando conoces a quien le hablas sabes cómo conectar con él. Las ventas son emocionales, no vendas el producto, vende la historia. Crea empatía, escucha a tu cliente, despierta sus emociones con el valor que tiene tu producto o servicio en su vida.

Paso 7: Sé persuasivo

La información que tienes de tu cliente es tu mapa para captar su atención. Sabes lo que necesita, por qué lo necesita y para qué lo necesita, por lo tanto, puedes ofrecerle una oportunidad irresistible para mejorar su vida o evitarle más dolores de cabeza. La persuasión se logra creando empatía. Apóyate en todo momento en pruebas reales de tu producto o servicio, muéstrale como otros aprueban y validan lo que ofreces a través de testimonios. Usa fotografías, videos, despierta su interés con creatividad.

Persuade para convencer a tu cliente con razones reales. No es manipulación, pero sí se trata de influenciar su decisión de compra mostrando lo genial y necesario que es tu producto o servicio en su vida.

Paso 8: Sé real y honesto

Crea un producto que realmente solucione un problema y podrás ser 100% transparente. Las mentiras ocurren en los productos que no están bien hechos, que no logran convencer, que no tienen beneficios definidos y por lo tanto su único método de venta se convierte en una propuesta engañosa. Trabaja en crear un producto excelente y verifica todos sus beneficios con honestidad. Cuando eres real como marca y como producto, la gente lo valora. No escondas nada, al contrario, conviértete en un aliado de confianza con tu cliente. Muéstrale todo aquello que los demás ocultan y que tu si eres capaz de enseñar, creando un vínculo de lealtad vendedor – cliente.

Paso 9: Conviértete en un oyente

Tu cliente es tu mayor fuente de conocimiento. Escúchalo, deja que hable, promueve la conversación. Él mismo te dará datos tan importantes para mejorar tu servicio que por ninguna razón puedes obviarlo. Además, el hecho de sentirse escuchado le permite sentirse en confianza contigo como vendedor. Cuando escuchas a alguien le están diciendo que es importante, y lo más importante siempre será tu cliente. Si hablas demasiado, te pierdes la oportunidad de saber realmente qué quiere la otra persona. Y si no puedes satisfacer lo que necesita, no habrá cierre de venta, ni relación a futuro.

Paso 10: No olvides que el seguimiento es un arte.

El crecimiento necesita atención. Cuando colocas una semilla en la tierra, no te olvidas de ella. Para que pueda dar frutos se requiere de un proceso que implica acompañamiento, de esa misma forma ocurre en las ventas. Todos los contactos que realices con tus clientes necesitan un seguimiento. Recuerda crear vínculos que generen confianza y conexión emocional. Haz sentir a tus clientes de forma especial, atiéndelos, y sobre todo lleva un registro de lo que ocurre con ellos. Muestra interés y no le pierdas el rastro a lo que empezaste, sino, no lograrás cierres de ventas a futuro.

Paso 11: Convierte tu forma de vender en un sistema

Del registro podrás escoger qué acciones han tenido buenos resultados y cuáles no. Que tu estrategia de ventas se ejecute como una guía de instrucciones para que puedas repetir lo que funciona y mejorar o cambiar lo que no. Crea tu libro de ensayo, para que puedas ejecutarlo una y otra vez y avances con tu equipo. Las grandes marcas tienen un sistema diseñado que muchas veces se ha mantenido por años y que, gracias al seguimiento y registro del proceso, se mejora y evoluciona para escalar en las ventas. Como digo en mi primer libro *El tiburón de las ventas* cree en tu proyecto y lleva un registro de lo que haces y cómo lo haces. No importa si comienzas en un cuaderno, en un documento en Word, Excel o un software moderno. No pierdas los datos de tus esfuerzos.

Paso 12: Logra emoción en tu cliente

Las decisiones de compra suceden desde las emociones. Una venta aburrida será un *next*. Esto pasa tanto en las ventas cara a cara como en las redes sociales. En el mundo *online*, una persona tiene el poder de simplemente seguir deslizando y obviar lo que le costó a tu empresa tiempo, dinero y dedicación, por lo tanto, hay que generar emoción en tu cliente. Cautivar con audios, videos, con tu voz, con un ritmo, con una buena impresión. Como vendedor cuando estás hablando con tu cliente, identifica cuál es su momento de mayor felicidad y agrado para invitar al cierre de ventas.

Paso 13: No olvides que tu palabra tiene poder

La comunicación es un arte, lo que decimos tiene un impacto y hay que hacernos conscientes de ese poder. Sea de manera escrita o verbal, la palabra que va dirigida a tu cliente ideal tiene que estar pensada estratégicamente para cautivar, emocionar y conquistar. Como marca, es sumamente recomendable que te capacites en oratoria y comprendas que cada palabra tiene energía y te ayuda a conseguir clientes o alejarlos. Tu forma de hablar en redes sociales y en la vida cotidiana expresa la seguridad que tienes con respecto a tu producto o servicio y sus beneficios. Tu palabra tiene el poder de crear oportunidades, úsala de forma positiva, como una herramienta estratégica de trabajo.

Paso 14: Proyecta tus metas

Saber qué hacer y cuándo hacerlo para obtener resultados en un periodo de tiempo estipulado. Las fechas límites nos ponen en acción y nos obligan a trabajar. Es necesario tener claro qué quieres y en cuánto tiempo lo quieres. Proyecta metas específicas y alcanzables, que puedan cumplirse con un proceso viable y real. No te propongas metas mágicas o borrosas. Sé claro y coherente. El método que siempre utilizo para avanzar es planificar cada meta en un periodo de noventa días. Lo que se hace corriendo no prospera, pero hay que ponerse en acción en un tiempo prudente en el cual puedas ver que avanzaste en diferentes metas en un año. Todo lo que quieras lograr átalo a una fecha, no pierdas de vista tus objetivos.

Paso 15: Vende sin vender

Las mejores ventas son aquellas que no parecen ventas. Enfócate en comunicar una experiencia y estarás vendiendo sin ser tan directo e intrusivo con tu producto. La gente ya se aburrió del *marketing* tradicional en donde se decía directamente «cómprame» y gracias a eso todo cambió a la interacción. Dirige tu guion de ventas y tu contenido a las emociones de tu público objetivo, a los problemas de su día a día, convierte a tu cliente en el protagonista de tu historia. No vendas, ayuda y soluciona. No vendas, escucha y conversa. No vendas, cuenta una historia, de ese modo tu cliente te seguirá y comprará.

Sigue este método de quince pasos como tu manual de consulta, no te desenfoques y trabaja cada día en mejorar cada paso en tu estrategia, rodéate de talentos y especialistas y verás cómo juntos formarán una fábrica de tiburones de las ventas.

CAPITULO 9

CAPÍTULO 9
CÓMO AUMENTAR LA ESCALABILIDAD DE TU NEGOCIO

Para vivir de tu emprendimiento necesitas crecer constantemente, manteniendo constancia en la multiplicación de tus ingresos. Si tu negocio no es escalable te quedarás estancado en el tiempo y en los números. Tus acciones deben estar enfocadas en promover el crecimiento de tus ingresos a través de una estrategia que tome en cuenta los factores más importantes de escalabilidad. Como marca, tu enfoque siempre apuntará a aprovechar todas las oportunidades que se te presenten y a crearlas tú mismo. Por eso es vital ser un líder activo que vende, negocia y planifica para aumentar la rentabilidad del negocio.

Existen diferentes tipos de escalabilidad a tomar en cuenta para aprovechar y desarrollar la potencialidad de tu negocio. Puedes crecer paulatinamente desde el punto de vista de los recursos y la producción. Comenzando el emprendimiento siempre recomiendo invertir una capital semilla que no sea tan elevado e ir ampliando las metas de ventas para recuperar en un lapso de tiempo corto lo invertido y duplicar los ingresos. Otro factor sumamente importante para que tu negocio sea escalable es el alcance geográfico. En principio puedes comenzar en tu localidad, pero es necesario ir abarcando más zonas de atención, servicio y distribución de tus productos y servicios, logrando en algún punto que miles de personas tengan acceso a lo que vendes. Los emprendimientos fracasan cuando se conforman con atender una zona geográfica reducida. El éxito lo vas a lograr siempre y cuando integres una estrategia digital porque internet te dará el alcance que necesitas.

Independientemente del tipo de negocio que escojas para iniciar, con *La marca soy yo* te puedes diversificar de tal manera que no vas a depender solo de un producto físico. Para aumentar tus ingresos y lograr tener varias entradas de dinero, incluye en tu estrategia, productos y servicios que puedas vender de forma *online*. Apostar a lo digital reduce costos y no tiene límite en ganancias y alcance porque cualquier persona puede llegar hasta ti. Esa es la estrategia ganadora del presente y del futuro. Una página web y tus redes sociales te permitirán ir más allá de tu localidad y no vas a depender de tu presencia física para recibir pagos, por ejemplo.

Como aprendiste anteriormente, la idea es facturar mientras duermes y que lo que vendes como marca pueda llegar a cualquier rincón de tu país o del mundo. También puedes crecer a nivel administrativo y como organización. Esto lo puedes lograr creando un sistema que pueda repetirse por otras personas con la misma calidad con que tú lo haces. Sea a nivel de producción y distribución o del manejo interno de la empresa. No queremos ser autoempleados, por lo tanto, no todo dependerá de ti en algún punto. La idea es que puedas vender tu idea de negocio y que se pueda replicar, así como una receta. Por eso es tan importante seguir un procedimiento en todo, y llevar un registro, así garantizas que la calidad de lo que comenzaste se mantenga. Tu equipo estará bien organizado si cada integrante maneja el mismo sistema que tú creaste para avanzar con tu empresa. Haz que tu plan se pueda entender y reproducir.

Iniciar tu emprendimiento con un producto mínimo viable es recomendable porque puedes comenzar en poco tiempo, los costos son reducidos y así se vence la excusa de un capital inicial grande, por lo que muchos se frenan para comenzar. Además, te ayudará a verificar si tu producto gusta, y a conocer la respuesta de los clientes con respecto a esta primera venta, lo que garantizará siempre que puedas mejorar y desarrollar tu estrategia, tu **receta**, tu producto o servicio. Llevar el registro de tu producto mínimo viable te ayudará también a innovar y mantener a tu público objetivo conectado con cada actualización o mejora que ofrezcas. En estos tiempos donde hay tanta demanda de gastos en la vida personal y donde no hay una educación financiera responsable, comenzar con tu producto mínimo viable te ayudará a reducir riesgos de pérdidas grandes de capital, porque tienes el control de una pequeña inversión que estará implementada de manera que pueda escalar y no fracasar. Tu vida como marca y empresario evolucionará a medida que practiques los hábitos de planificación, metodología y seguimiento de tus acciones.

Tu negocio puede ser escalable si incluyes las siguientes líneas de ingresos:

- Venta de infoproductos: Cursos descargables en base a tu experiencia de vida o profesional, de tu servicio o producto, *e-books*, cuadernos de trabajo, recursos descargables prácticos, audiolibros o contenido descargable en formato audio, cursos en línea y/o en vivo, asesorías o consultorías y eventos virtuales
- Tecnología productiva, aplicaciones móviles, *softwares*
- Membresías o suscripciones
- Tienda *online* con un *stock* de diferentes productos
- Libros
- Productos que se puedan reproducir en masa siguiendo un mismo procedimiento

- *Dropshipping*
- *Outsourcing*
- Monetizar tus redes sociales

En *La marca soy yo* eres libre de diversificar tus ingresos de cualquier forma. Gracias a esa expansión de tus líneas de ingresos vas a garantizar siempre tener el flujo de dinero necesario para cubrir tus gastos y reinvertir para seguir creciendo. Los productos digitales son el ingrediente secreto para que rompas la barrera de los números. Incluye siempre opciones de descarga *online,* sin límites o condiciones de localidad, para que puedas facturar sin importar *stock* o el lugar donde te encuentres o si es de día o de noche.

Lanzamientos ganadores

Consigue tus primeros testimonios

Después de todo el proceso de preparación estratégica para emprender, arrancamos con el lanzamiento de tu marca, con un producto o servicio disponible que pueda ser adquirido el día del lanzamiento. Si realizas un evento será más fácil encontrar tus primeros clientes y registrar su experiencia a través de fotos y videos, obtener testimonios y hacer *networking*. Cada proceso tiene un plan de acción, y los eventos de lanzamiento no son la excepción. De acuerdo a tus posibilidades, habilidades y contactos determinarás qué tipo de lanzamiento crear. La estrategia ganadora es escoger el formato híbrido, combinando lo presencial y lo digital ¡Siempre! Recuerda que después de la pandemia, el valor de lo presencial tomó más vida y las personas necesitan el contacto físico para crear recuerdos especiales y generar empatía.

Para crear tu primer evento es necesario que tengas claro lo que quieres lograr ese día. El por qué y para qué es una herramienta que te funcionará para todo. Lógicamente queremos darnos a conocer y vender, y precisamente por esa razón no podemos improvisar ese día, y nunca. Ten a la mano tu producto, la logística de fotos y videos, el apoyo de tu equipo y un presupuesto que cubra o impulse el evento.

Elementos de un evento Modo tiburón:

1. Búsqueda de patrocinantes.
2. Búsqueda de aliados.
3. Invitados especiales.
4. Lugar céntrico y cómodo para acceder.
5. Confirmar hora y fecha.
6. Diseño de artes promocionales.
7. Crea tus *hashtags* personalizados.
8. Impulso en redes sociales.
9. Crear expectativa.
10. Creación de base de datos.
11. Experiencia inolvidable que mueva la energía de las personas (luces, baile, show, palabras emocionales, canto, música, decoración, *spot* de fotos, gastronomía, coctelería, etc.).
12. Tener claro lo que quieres transmitir ese día.
13. Lista de recursos necesarios para crear presupuesto.
14. Crear a tu equipo de tiburones aliados para logística y delegar tareas.
15. Obtén los usuarios de Instagram para etiquetar en fotos y videos.
16. Invita a personas que tengan autoridad en su nicho.

17. Invita a periodistas o medios sociales.
18. Buena energía y planificación con antelación.

Tips tiburón para conseguir patrocinantes:

1. Entrega una propuesta atractiva que combine un PDF y un material audiovisual.
2. Resumen corto y conciso que defiendas con seguridad y buena energía.
3. Incluye todos tus datos de contacto.
4. Ofrece opciones de patrocinio de diferentes precios o aportes.
5. Detalla las características más importantes de tu evento.
6. Sé claro en por qué quieres a esa persona o empresa como tu patrocinador. Razones coherentes y reales.
7. Ofrece múltiples beneficios para los patrocinadores, como por ejemplo un stand con su marca. Sé creativo y generoso.

¿Dónde están tus invitados?

Los asistentes a tu evento viven o se mueven en algún lugar en específico. Puedes hacer tu evento presencial o *streaming*. En cualquiera de los casos es importante que definas cómo vas a llegar hasta ellos. Puedes enviarles una invitación privada por correo electrónico, vía WhatsApp o personalmente, en cualquiera de los casos asegúrate que te confirmen con sus datos para tener un control el día del evento en el momento de la entrada y del *stock* de los productos que vas a vender, comida, bebidas, asientos, etc. También puedes iniciar una campaña de publicidad orgánica y paga por redes sociales invitando a tu evento, solo dependerá si es un evento público o privado y de su magnitud.

Procura siempre que todos tus eventos sean escalables y estén pensados estratégicamente en tu tipo de público, tipo de producto y objetivo que quieras lograr. No todos los eventos serán iguales, unos pueden ser abiertos al público, otros solo para empresarios, mujeres, audiencias VIP o para nichos en específicos, por ejemplo, estudiantes. Tu mentalidad de **empresario tiburón** te guiará a diseñar cada experiencia en vivo o digital enfocada siempre en lo que quieres lograr y a quien le quieres hablar / vender con su por qué y para qué.

Tipos de eventos:

- Catas, test o pruebas
- Sociales
- Aniversario
- Temáticos / Entretenimiento
- Gastronómicos
- Culturales
- Deportivos
- Educativos
- Musical

Como ves, en un viaje que siempre te guiará a descubrir algo nuevo. Cada etapa será un nivel desbloqueado en tu vida como emprendedor. Cuando el evento termine, la magia creadora sigue. La estrategia crece con razones bien determinadas. Todo es una oportunidad para escalar en ventas y proyección de tu marca. Es por eso que desde el principio es importante que escojas una idea de negocio que ames, que te guste y te emocione, porque es un camino de constancia y esfuerzo, que valdrá todo el esfuerzo y también, las alegrías.

Ideas *post* evento para maximizar tus resultados y potenciar tu estrategia:

- Realiza encuestas a los invitados.
- Consulta si te pueden dar algún *feedback* por el medio que les parezca más cómodo.
- Pregunta a tus asistentes qué fue lo que más les gustó y que no.
- Mantén contacto con tus patrocinadores
- Envía una encuesta a tus patrocinadores para obtener sus comentarios y mejorar.
- Celebra las victorias con tu equipo.
- Hazle llegar tu agradecimiento a cada persona involucrada.
- Realiza una reunión con tu equipo para ver qué funcionó y qué no.
- Envía material a los asistentes, ejemplo, fotos y videos. Recuerda que en este caso hay que ser respetuoso con sus datos móviles. Recomiendo etiquetar o enviar *links* con carpetas de descarga, secciones de página web o videos en YouTube.
- Realiza un video de agradecimiento y recuento del evento.
- Publica las mejores fotos y videos del evento con sus respectivos *hashtags*.
- Escribe varios artículos sobre lo que se vivió en el evento y del recibimiento de tu producto o servicio.

La vitrina de la nueva era

Qué alegría y qué gran motivación es para los emprendedores de hoy en día poder contar con una vitrina que pueda modificarse a cualquier hora, sin un numeroso personal, desde cualquier lugar y de manera fácil, sin requerir gran experiencia. Si tus clientes no tienen ganas de salir en su carro, manejar y encontrarse con el tráfico, pagar estacionamientos y caminar por pasillos para encontrar tu tienda, no pasa nada. No dependes de eso. Porque ahora puedes tener más de una vitrina, más de una tienda, más de un vendedor, y hacerlo todo de manera gratuita o con poco presupuesto. Mientras más variedad de «vitrinas» tengas, mucho más alcance y probabilidades de ventas tendrás. Aquí te presento algunas opciones *online* y físicas que puedes tomar en cuenta para publicar y vender tu producto:

- Amazon
- Shopify
- Tienda *e-commerce* propia (Java, JavaScript, HTLM, Wordpress, etc.)
- Ebay
- OLX
- AirBnb
- Mercadolibre
- Alibaba
- Supermercados
- Uber Eats
- Yummy
- Boutiques
- Quioscos
- Hotmart
- Thrivecart
- Stands / Puntos de ventas
- Ferias locales
- Patreon
- Restaurantes

- Hoteles y posadas
- Aeropuertos
- Tiendas pequeñas
- Aplicaciones móviles
- Instituciones
- Academias o escuelas
- Bodegones
- Corporaciones
- *Landing page*
- Redes sociales
- *Market places*

Evalúa por periodos donde está tu demanda y enfoca tus esfuerzos a escalar en ventas siguiendo las métricas y los **análisis de cada** «vitrina». Agrega valor en cada canal que utilices, no hagas que la gente adivine lo que vendes porque pierden el interés. Apuesta a ser muy visual y a ser conciso en el *copywriting*. **Date a conocer lo más que puedas, apenas comienza la aventura.**

El momento decisivo de tu negocio
El cierre de venta

Una empresa se mantiene a flote por diferentes factores, pero la verdad es que si no hay ingresos no hay crecimiento. Por lo tanto, hemos llegado a la lección final que debes tener en cuenta en tu preparación como emprendedor. Tienes todas las herramientas y opciones para que impulses tus productos y servicios por el canal que desees, pero tienes que estar listo para afrontar exitosamente el momento en donde el cliente firma. No importa si tus clientes son digitales, porque como empresario y marca te vas a encontrar con la negociación en todo momento. Si tu emprendimiento es 100%

digital, de igual manera buscarás aliados, socios, patrocinadores, ventas importantes, contratos etc. Así que tienes que activar el súper poder de tiburón vendedor para que todos los esfuerzos anteriores tengan el **sí** de tus clientes. Los empresarios exitosos combinan actitud, técnica y negociación. Son salvadores y seductores, porque ofrecen soluciones a problemas de la manera más atractiva.

El cierre de ventas es la parte del proceso que más necesita negociación, por lo tanto, aquí se trata de ti, de tu forma de hablar, tono voz, energía, del *timing*, de la escucha activa, de tu preparación constante antes de cada reunión y tu capacidad como líder para motivar a tu equipo de ventas a que se coman el mundo. Desarrolla el poder de transformar prospectos en clientes en una conversación. En un momento puedes ganar o perder el interés de la otra persona. O convences o te dejas vencer.

La fuerza de atraer y obtener el sí

Las empresas que no toman en cuenta esta parte del proceso de ventas, pierden fuerza y comienzan a decaer, rotando cada mes a los vendedores porque piensan que se trata de simplemente ofrecer algo bueno como producto o servicio. El cierre de ventas no se trata únicamente de la calidad, los beneficios y el valor del producto o servicio, sino de cómo derrumbar las objeciones del prospecto. Se trata de desbloquear la negación de tu futuro cliente. Muchos productos son maravillosos, pero si el vendedor no se capacita para encantar, persuadir, escuchar el momento exacto y tumbar las excusas del cliente, se irá a casa sin ventas concretadas.

La atracción tiene una técnica, para lograr obtener un **sí**, hay un procedimiento que se estudia y se repite. Este tema está más desarrollado en mi primer libro *El tiburón de las ventas,* pero es vital que te quedes con este concepto en la mente, para que te capacites en el cierre de ventas y no lo des por sentado. La responsabilidad de tu empresa la tienes tú y luego todo tu equipo.

Un tiburón crea su propia fábrica de tiburones. Los seres humanos, estamos cargados de experiencias y creencias que se expresan a través de miedos o de seguridades. A la hora de convencer muchos se frenan por pena, inseguridades, oratoria, vocabulario, etc. El éxito de tu negocio está en ti, literalmente. Si en tu caso sientes que debes desarrollar alguna habilidad de comunicación o expresión corporal, plantéatelo como tu siguiente meta. Incluye esa capacitación en tu calendario. Como empresario o empresaria te vas a desenvolver de una manera diferente a como lo has hecho hasta ahora en tus antiguos trabajos. Las personas que emprenden y lo asumen, y de verdad comienzan a cambiar su forma de expresarse, de pensar y actuar, muestran un cambio ante la sociedad. Ya no te ocultarás ni tendrás miedo a decir lo que quieres, por qué lo quieres y cómo lo quieres, porque tu nueva versión conoce el poder de la palabra. La comunicación es la herramienta más fuerte en los negocios y en la vida en general. Estúdiala.

Eres empresario, así como eres vendedor. Tus equipos de vendedores también pueden (y deben) ser líderes con mentalidad de empresario como tú. Cuando yo quiero medir el éxito de una empresa, simplemente observo cómo están los vendedores. Si ellos están contentos, facturando y creciendo, la empresa sin duda, va bien.

Ten en cuenta estos *tips* para cerrar ventas exitosamente:

- No solo hables. Escucha a tu cliente y muestra el valor de tu producto o servicio con tecnología de calidad. Incentiva su interés y sus comentarios apoyándote en contenido interactivo muy visual.
- Haz preguntas que generen empatía, enfocadas en obtener una serie de **sí** para que ya la respuesta final esté instalada en su mente.

- Negocia, nunca te des por vencido. Ofrece variedad en los beneficios y trata siempre de concretar algo, no dejes nada en el aire.
- Comunica exclusividad con urgencia. Las ofertas o ediciones limitadas siempre funcionan.
- Simplifica el cierre de ventas. No des muchas vueltas a la hora de la pregunta, ve al grano con autoridad y simpatía.
- Que las formas de pago sean accesibles, rápidas y cómodas.
- Prepara una lista de objeciones comunes y lleva un registro de las excusas que te presentan a la hora de comprar tu producto, con una o varias respuestas para desmontar la objeción.
- Crea tu guion de ventas y practícalo.
- Capacita a tu equipo en este tema en específico.
- Cuida tu energía. Nunca vaya a cerrar una venta con malhumor, pesimismo, desgano o rabia.

¿Firmamos el contrato con tu éxito?

Energía, emoción, planificación y estrategia.

Que estos cuatro pilares te acompañen siempre y recuerdes que el secreto de los negocios exitosos se encuentra en entender el comportamiento y las necesidades del ser humano.

Emprende con propósito, emprende con pasión y nunca dejes de ayudar a los demás.

DE AHORA EN ADELANTE, LAS OPORTUNIDADES COMENZARÁN A APARECER EN TU VIDA PRINCIPALMENTE PORQUE TÚ LAS CREARÁS. ES TU MOMENTO, ES TU AÑO.

BENDIGO TU EMPRENDIMIENTO Y TUS GANAS DE CRECER.

LUIS EDUARDO GUEVARA
@LUISEGUEVARA

LUISEGUEVARA.COM

#MODO TIBURÓN

Gratitud

Te envío en este momento toda mi gratitud y admiración. Creo que si nos capacitamos podemos alcanzar todo lo que nos proponemos sin importar el pasado, circunstancias, caídas o fracasos. Tú ya eres muestra de que estamos viviendo cambios impresionantes a nivel mental, donde nos hacemos responsables de la vida que nos merecemos. Eres creador de soluciones y bendiciones. Quién aplica un método en su vida, lo único que puede obtener son resultados. Hasta la felicidad se planifica. Aférrate a tus metas y suelta todo lo que no ha sido productivo para ti.

Te aplaudo, aplaudo tu proceso, tus lágrimas, tus derrotas y victorias. Aplaudo cada noche en la que te acostaste cansado con el inmenso deseo de lograr algo más. Ahora sabes que los verdaderos límites están en tu cabeza y que para todo hay una solución y una estrategia. La abundancia es un estado interior, es una forma de vida y una percepción que está enfocada en la creación y la multiplicación. Síguela, vívela, créala para ti, para tu familia, para tu comunidad y para el mundo.

Has llegado a las últimas páginas de este libro, pero realmente apenas comienza tu camino como emprendedor tiburón. Comenzaste con un interés y con un sueño que te impulsó a ir palabra por palabra, paso a paso para descubrir la metodología que me ha funcionado a mí como empresario y más de seiscientas marcas en América Latina y Estados Unidos. Es tu turno, ahora será tu nombre, tu voz, tu idea, tu fuerza. Te felicito por no conformarte, por llegar a tu primera meta que es justo esta, culminar la lectura y emprender el viaje de tu negocio escalable.

Ya estás listo para derribar cualquier excusa que identifiques de ahora en adelante y tienes en tus manos una guía que te acompañará en el inicio y en el proceso de la construcción de tu marca, además podrás consultarlo cada vez que quieras iniciar una marca para cada negocio e impulsar los diferentes productos o servicios, que estoy seguro venderás. Despierta cada día con esa emoción de ayudar a los demás, de ser ejemplo para tu equipo y ejecutar. No te quedes más nunca en el pensar, porque solo tomando acción es que puedes crear tu lugar en este mundo.

Mírate al espejo como un gran líder tiburón. Visualiza a donde quiera que vayas tus metas, desecha todo aquello que disminuya tu luz. Emprender te dará libertad financiera, sí, pero más allá del dinero te guiará en un camino de auto descubrimiento excepcional que te hará mejor persona. Es evolución, es tomar las riendas de tu vida.

Deseo que, así como yo, tú puedas ayudar a otros a encontrar sus fortalezas y que dejes tu huella en este mundo, a tu manera, a tu ritmo, con tu mensaje único de vida. Hay alguien más allá afuera esperando saber de ti, queriendo escuchar tu historia y conocer cómo has logrado llegar a donde estás. Aumenta siempre tus metas, ve por más, escala, que tu sed de tiburón nunca se acabe. Reconoce tu esfuerzo y el de los que te acompañan.

Emprender también es valorar a quien te apoya directa e indirectamente. Que tu motor sea hacer el bien y proyectar crecimiento. Sé que vas a inspirar a muchos más, sigue el paso a paso y adopta el hábito de la planificación, para crecer sin parar. Aprovecha todas las oportunidades, créalas y compártelas. Capacítate sin miedo porque nunca es demasiado tarde para aprender sobre tecnología, marketing, redes sociales, ventas y todo aquello que te sirva para innovar procesos en tu vida personal y en tu negocio. Ama lo que haces, ámate y sé agradecido con todo lo que has vivido, porque miles de personas se pueden inspirar al verte y escucharte.

Emprender es un privilegio, y tú tienes los brazos abiertos para recibir y crear bendiciones.

Ojalá nos encontremos en el camino y celebremos juntos tus victorias.

Un abrazo,

Luis Eduardo Guevara

MANDAMIENTOS TIBURÓN

1. Estás en constante desarrollo. Nunca lo sabrás todo, por eso siempre estás en constante capacitación.
2. Sigues un método y un sistema.
3. Creas estructuras de negocios escalables.
4. Buscas siempre la diversificación de tus ingresos.
5. Todo es una transición. Persistes con estrategia.
6. Eres buen jefe, buen líder, buen compañero. Tu ejemplo causa admiración.
7. Eres la marca que impulsa tu empresa.
8. Te diviertes en el proceso de innovación de tus productos y servicios.
9. Conoces siempre a quién le vendes, por qué y para qué.
10. Aprovechas el poder del diseño y la comunicación.
11. Tienes confianza en ti mismo por sobre todas las cosas.
12. Tu norte es aportar y solucionar problemas para mejorar la vida de los demás.

ACERCA DEL AUTOR

Luis Eduardo Guevara "El Tiburón de las Ventas" nació en Caracas y creció en San Juan de los Morros, Guárico Venezuela, y desde hace 11 años vive en Estados Unidos cosechando triunfos tras triunfos.

Es locutor, autor, empresario, estratega, publicista y mercadólogo, conferencista, mentor de negocios y ventas, quien ha construido más de 600 marcas exitosas, 26 empresas, y capacitado a más de 3000 emprendedores en América Latina y Estados Unidos.

Fundador de los Premios al Emprendedor Latino y CEO de la agencia LEG MARKETING 305, posicionada en el top 10 de las mejores agencias de toda la Florida y con sede en 7 ciudades de Estados Unidos.

Su propósito es impulsar a todas las personas a dar un salto al emprendimiento y transformar sus vidas convirtiéndose en una marca ganadora con metodología y estrategia.

Capacita a empresas ayudándolas a crear su propia "fábrica de tiburones" como vendedores poderosos y enfocados, que tengan confianza en sí mismos, que puedan tumbar todo tipo de objeciones y puedan cerrar ventas exitosamente. Además, es líder de los encuentros *Business Elite Sessions* donde reúne a prestigiosos empresarios a crear nuevas estrategias para impulsar sus negocios. Ha educado a millones de televidentes de habla hispana a través de numerosas entrevistas y programas en canales como Univisión y EVTV Miami.

Con tan solo 8 años de edad aprendió a vender y a los 12 años ya estaba iniciando su primer emprendimiento en la radio. Desde entonces no ha parado de crear empresas y de crecer exponencialmente.

Su éxito se basa en seguir estrictamente una metodología para sacar adelante cualquier proyecto paso a paso de manera escalable. Defensor de que cualquier persona puede transformar su vida positivamente creando su propia marca con sus talentos y dones e impulsando sus negocios con estrategias de ventas y persuasión.

Padre, amigo, líder, y fuente inagotable de motivación, disciplina y energía para todos los que le rodean. El éxito de su conferencia "La Marca Soy Yo" cada vez crece más logrando reunir en cada evento a más de 400 personas. Es un estratega que se ha dedicado a aterrizar ideas y a transformar sueños en metas cumplidas. Un hombre de fe extraordinaria, fiel creyente de que los latinos emprendedores pueden impactar cada vez más la economía mundial.

LaMARCA
EL TIBURÓN
DE LAS VENTAS
LUIS EDUARDO GUEVARA
@luiseguevara

Esta edición de ©*La Marca Soy Yo*, de Luis Eduardo Guevara, fue realizada en la ciudad de Miami en el mes de agosto del año 2022. En su composición se emplearon tipos de las familias Garamond y Helvetica LT.

Made in the USA
Columbia, SC
30 August 2022

65925197R00121